자신을 진정 사랑하는 친구인 _____ 님께.

당신 안에는 기적의 힘이 있습니다.

'뜨겁게 나를 사랑한다'를 통해
당신 스스로를 사랑하기 시작할 것입니다.
당신은 충만하게 행복해지고 당신답게 빛날 것입니다.

영혼의 성장으로
스스로를 더욱 사랑하고
내 안의 기적을 만날 당신을 뜨겁게 응원합니다.

당신의 매 순간이 빛나기를!
새로운 당신의 삶을 축복하며!

조성희.

뜨겁게 나를 사랑한다

조성희

국내 1호 마인드파워 스페셜리스트. 마인드스쿨 대표

마인드 분야의 세계 최고 권위자이자 나폴레온 힐의 계승자인 밥 프록터의
한국 유일한 비즈니스 파트너로서, 미국에서 직접 트레이닝을 받고 돌아왔으며
브라이언 트레이시 인터내셔널 국제교수 자격도 보유하고 있다.

해외연수 한 번 없이 마인드파워로 영어를 완전히 먹어버린 국내파로
영어로 세미나를 진행하고 있으며, 마인드파워 프로그램뿐 아니라
마파영(마인드파워로 영어먹어버리기)을 개발, 특허까지 냈다.
특히 마파영을 통해 영어를 포기했던 사람들이 영어실력뿐 아니라
마인드가 바뀌며 글로벌로 진출하는 수많은 사례들을 만들어내고 있다.

마인드파워를 공부하며 자신의 인생을 180도 송두리째 바꿔버린 그녀는
보이지 않는 내면의 마인드파워를 공부하는 것이 인생에서 가장 중요하고,
그것이 진정한 교육이라고 강조하고 있다.

조 대표는 '마인드파워로 세상을 이롭게 한다'라는 사명으로 한국을 넘어
글로벌로 마인드 교육을 확대하고 있으며, 삶을 힘겨워하던 수많은 사람들이
이미 마인드 교육을 통해 인생 반전을 실현해내는 등 마인드파워의 중요성을 입증하고 있다.

유튜브 채널 '조성희의 마인드파워'에서는 변화를 위해
어디서부터 시작해야 할지 모르는 사람들에게 실질적인 도움을 주고 있다.
저서로는 《더 플러스》, 《어둠의 딸, 태양 앞에 서다》,
《마인드파워로 영어먹어버리기》, 《어메이징 땡큐 다이어리》가 있고,
《뜨겁게 나를 응원한다》, 《뜨겁게 나를 사랑한다》를 시작으로
'마인드파워 스페셜리스트 조성희의 응원 시리즈'로 꾸준히 독자들과 만날 예정이다.

뜨겁게 나를 사랑한다

하루
10분의 확언
100일 후의
기적

조
성
희
지음

생각지도

일러스트. 하니박 hanipark
www.haniparkstudio.com / 인스타그램 @haniillustration

20쪽, 22쪽, 30쪽, 38-39쪽, 44쪽, 46쪽, 52-53쪽, 60쪽, 66쪽, 72쪽, 74-75쪽, 78쪽, 86-87쪽, 90쪽, 100-101쪽, 104쪽, 110쪽, 112쪽, 116쪽, 128쪽, 134-135쪽, 138쪽, 140쪽, 146쪽, 148쪽, 152쪽, 156쪽, 158-159쪽, 168쪽, 178쪽, 190-191쪽, 194쪽, 196쪽, 208쪽, 210-211쪽, 228쪽, 232쪽, 236쪽, 240쪽, 250쪽, 252-253쪽, 259쪽, 266쪽, 277쪽, 280-281쪽

하루 10분의 확언, 100일 후의 기적

뜨겁게 나를 사랑한다

1판 1쇄 발행 2021년 5월 21일
1판 9쇄 발행 2024년 11월 26일

지은이. 조성희
기획편집. 김은영, 하선정
마케팅. 이운섭
일러스트. 하니박
디자인. 구민재page9

펴낸곳. 생각지도
출판등록. 제2015-000165호
전화. 02-547-7425
팩스. 0505-333-7425
이메일. thmap@naver.com
블로그. blog.naver.com/thmap
인스타그램. @thmap_books

ⓒ 조성희, 2021
ISBN 979-11-87875-13-0 (04320)
       979-11-87875-11-6 (세트)

오늘도, 나를 뜨겁게 사랑한다
그리고 내 안의 기적을 만난다

"코로나 때문에 다 망했습니다! 어디서부터 어떻게 시작해야 할지 모르겠어요!" 울면서 교육에 참가하는 사람들이 부쩍 많아졌다. 전 세계적으로 코로나19가 닥치면서 경제적으로 어려움을 겪는 이들뿐 아니라 정신적 고통을 호소하는 이들도 많이 늘어났다.

'코로나 블루'로 우울감과 무기력증을 느끼는 이들이 많아지면서 사람들은 보이지 않는 내면을 돌아보게 되었다. 지난 12년 동안 국내 1호 마인드파워 스페셜리스트로 교육하면서 요즘처럼 마인드에 관심을 갖고 찾아오는 사람들이 많을까 싶을 정도로 놀라고 있다. 사실 2009년 밥 프록터의 교육을 마치고 한국에 돌아와 마인드 교육을 할 때만 해도 수강생들 중에는 남들에게 알리는 것을 꺼리고 쉬쉬하며 수업에 찾아오는 이들이 많았다.

"사람들에게 마인드 교육 받으러 간다고 하면 '너 정신에 이상 있니?'라고 물어봐요."

"마인드 교육 듣는 것 자체를 주위 사람들이 이상하게 생각해요."

"가족들에게 거짓말하고 몰래 왔어요."

"제가 요즘 마인드 수업을 들으면서 기분이 좋아져 자꾸 웃으니까 한 지인이 '이단 종교에 빠진 거 아니냐?'라며 심각하게 묻더라고요. 대표님이 교주 아니냐고 물어봐요. 하하하."

"거제도에서 강남까지 무슨 교육을 매주 받으러 가냐고 혹시 다단계에 빠진 거 아니냐고 오해해요."

비슷한 예로 이런 적도 있었다. 주말 이른 아침 특강에 한 남자분이 팔짱을 끼고 강의실에 앉아 있었다. 강의 내내 그분 시선이 곱지 않음은 알고 있었는데, 알고 보니 마인드파워 수업을 들었던 어느 여성분의 남편이었다.

아내가 매주 일요일이면 서울까지 가서 수업을 듣고 오는데, 점점 얼굴에 화색이 돌고 아침마다 자신은 잘될 거라며 큰 소리로 외치더란다. 아무래도 이상한 단체에 빠졌다고 생각한 남편분은 정체를 알아내고자 부산에서 찾아오셨던 것이다. 수업 내내 나를 뚫어지듯 관찰하던 그분은 특강이 끝난 후 그 사실을 고백하며 죄송하다는 말씀을 하셨다. 수업을 들으며 자신도 마인드파워로 변화하고 싶다고 수줍은 고백을 하며 의지를 보여주신 그분은 나에게 사인까지 요청하신 후 가벼운 마음으로 다시 부산으로 내려가셨다.

지금은 웃으며 이야기할 수 있지만 사실 수많은 오해와 편견들이 가득했던 때가 있었다. 그런데 지금은 우리나라 사람들도 보이지 않는 마인드의 힘이 얼마나 중요한지를 절감하고, 마인드스쿨 수업에 찾아와서 오래도록 대기 줄을 서고 있으니, 세상이 참 많이 바뀌었다.

《뜨겁게 나를 응원한다》 100일 필사를 통해 신체근육뿐 아니라 마음근육도 스스로 매일 쌓는 것이 얼마나 중요한지를 수많은 분들이 절감했다. '100일 마음근육 프로젝트'를 통해 뜨거운 인생 반전을 그려낸 이들의 스토리들을 접하며 마인드파워의 가치를 알아주는 이들이 많아지고, 가족이나 친구들, 회사 동료들과 주위 사람들에게 그 가치를 나누며 함께 성장하는 모습을 보며 나 또한 뜨거운 보람을 느낀다.

"대표님, 뜨나응 2탄 만들어주세요!"

《뜨겁게 나를 응원한다》(뜨나응) 100일 필사를 한 번으로 끝내지 않고 몇 번이고 되풀이하며 '뜨나응' 2탄을 기다리는 분들이 상당히 많았다. 2016년 '뜨나응'이 탄생하고 5년 만에 '마인드파워 스페셜리스트, 조성희의 응원 시리즈' 2탄으로 《뜨겁게 나를 사랑한다》를 출간하게 되어 정말 기쁘고 감사한 마음이다.

《뜨겁게 나를 사랑한다》(뜨나사)는 '100일 긍정확언 프로젝트'다. 그동안 아무에게도 털어놓지 못했던 자신의 모든 감정들을 한 권의 책에

훌훌 털어내는 자신만의 비밀 공간이기도 하다.

　마인드파워 교육을 진행하며 많은 분들이 내놓은 고민 중 하나는 하루에도 몇 번이고 널뛰기를 하는 자신의 감정을 어떻게 컨트롤해야 할지 모르겠다는 것이었다. 분명 한 시간 전에는 세상 모든 것이 아름답게 보일 정도로 기분 좋았는데 갑자기 느닷없이 슬퍼지고, 어제는 분명 행복했는데 오늘은 아침부터 나를 배신한 누군가가 떠올라 애꿎은 주위 사람들에게 버럭 하게 된다고 했다. 여기서 끝이면 그나마 다행인데, 한 번 가라앉은 기분은 끝도 모른 채 더 나락으로 떨어져 기분이 다운되고 결국 스스로 우울의 동굴을 파내려가며 그 안으로 기어들어가고 있다는 것이다. 마치 바다에 둥둥 떠다니는 코르크 마개처럼 하루에도 수십 번 출렁이며 오르락내리락 하는 감정 때문에 힘들다는 이들이 많았다.

　하지만 그 어떤 상황에서도 자신의 감정은 선택할 수 있다!

　그 수많은 복잡한 감정들은 어디에서 왔을까? 그 모든 감정들은 바로 자기 자신에게서 비롯된 것이다. 내가 살아오면서 잠재의식 속에 쌓인 기억들, 그중에서도 마이너스로 남아 있는 과거의 어두운 기억들은 내가 앞으로 나아가려 할 때마다 뒷덜미를 잡고 다시 예전으로 돌아가게 만든다. 그럴 때 또다시 그 자리에 주저앉아 버리거나 자신을 자책하지 말고 당신은 선.택.해야 한다. 괜찮은 척하면서 앞으로 직진만 하겠다고 우격다짐하지 말고 자신의 과거를 용기 있게 바라보고, 인지하고, 다독여주는 '선택'을 해야 한다.

이 책은 당신이 그런 용기 있는 선택을 하는 데 작은 도움을 줄 것이다. 이 책에서 당신은 12가지 단계를 거치는 동안 위로받고, 슬픔과 작별하고, 분노를 떠나보내고, 용서하고, 두려움을 깨고, 다시 희망을 품고, 소원을 이루고, 열정적으로 변화하며, 감사를 느끼고, 자신을 사랑하고, 행복을 찾으며, 더 풍요로워질 것이다. 1일부터 100일까지 하루에 한 번 확언하는 사이, 한층 더 풍요로워진 당신은 더 이상 감정에 휘둘리지 않을 것이다. 이제는 오르락내리락하는 자신의 감정을 스스로 컨트롤하며 내가 온전히 행복해지는 데 집중하게 될 것이다.

하루 10분, 나와 만나고 온전히 나 자신을 위해 확언을 하는 소중한 시간은 이렇게 활용하면 된다. 매일 그날 마음속에 기억해야 할 글을 소리 내어 읽고 마음에 새긴다. 그리고 Today's Positive Affirmation(오늘의 긍정확언) 5개를 그대로 따라 필사한다. '오늘의 긍정확언'은 가능한 크게 외치고 그 에너지를 느끼면서 써 내려가면 잠재의식에 더 깊이 체화된다. 그다음으로는 Positive Affirmation for Myself(나를 위한 긍정확언)에 자신만의 확언을 만들어 매일 기록하면 된다. 이때도 역시 가능한 입으로 외치면서 스스로에게 에너지를 전해주면서 쓰면 자신만의 잠재의식이 제대로 가동될 것이다.

'나를 위한 긍정확언'을 쓸 때는 '나는 _____하다'라고 쓴다. 무엇보다 중요한 포인트는 내 심장이 바운스 바운스 할 정도로 설레는 것을 써야 한다는 것! 내 마음을 설레게 하는 내용을 감정을 듬뿍 담아서 써야 한다! 자신만의 확언을 썼다면 그날은 그 확언을 큰 소리로 100번이고 외쳐보라. 시도 때도 없이 노래 부르듯이 외쳐라! 나만의 그날 확언이 잠재의식 속에 스며들 것이다! 하나하나 곱씹고, 되새기고, 다시 다지는 사이, 그 메시지들은 당신의 세포 속에 깊숙이 각인될 것이다. 그렇게 그 확언들이 세포 속에 서서히 스며들면 어느 날은 확언한 대로 바뀌어 있는 자신을 발견하게 될 것이다.

《뜨겁게 나를 사랑한다》는 《뜨겁게 나를 응원한다》와 마찬가지로 당신만을 위한 특별한 인생 선물이다. 무엇을 먼저 하든 순서는 상관없다. '뜨나응'과 '뜨나사'를 써 내려가는 사이 당신은 변화할 것이다. 당신은 당신다워질 것이다. 당신 스스로를 사랑하기 시작할 것이다. 당신은 충만하게 행복해질 것이다. 그리고 당신은 당신답게 빛날 것이다.

세상을 보는 데는 두 가지 관점이 있다고 한다.
아예 기적이 없다고 믿는 것,
이 모든 것이 기적이라 믿는 것.

잊지 말자!
당신 안에 기적의 힘이 있다는 것을!
당신은 영혼의 선장이라는 것을!
당신은 당신의 감정도 스스로 컨트롤할 수 있다는 것을!
당신은 무엇이든 할 수 있다는 것을!

'뜨나사'를 통해 스스로를 사랑하고
내 안의 기적을 만나기를 뜨겁게 응원한다!

세상에 오직 하나뿐인 당신을
이 책을 통해 만나서 너무 기쁘다.
당신의 매 순간이 빛나기를!
새로운 당신의 삶을 축복하며!

2021년 4월 벚꽃 비 맞으며

조성희

1장

Comfort

위로하기

오늘따라, 위로가 필요할 때

Only You 당신

당신은 놀라운 발명품이며, 누군가의 소중한 기쁨이다.
당신은 값으로 따질 수 없는 진귀한 보석이다.
신은 결코 하찮은 존재를 만들지 않았다.

— 허버트 뱅크스

이 책을 든 당신! Only You! 당신은 당신 자체로 소중하다!
당신은 어떤 값으로도 따질 수 없을 만큼 존귀한 존재라는 사실을 기억하라!

나는 승자로 태어났다!
나는 인간의 모습을 한 위대한 존재다.
나는 무한한 가능성을 가지고 있다.
나는 기적의 존재다.
온 우주가 나를 지지한다.

Positive Affirmation For Myself

나를 위한 긍정확언

조용한 응원

울고는 싶은데
올 수조차 없을 때가 있습니다.
골방에 들어가 울음을 삼키고
가까스로 몸을 추스르는 때가 있습니다.
바로 그런 순간에
누군가 조용히 다가와 손을 잡아 일으키면
그보다 더 큰 응원이 없습니다.
그 한 사람이면 족합니다.

당신을 뜨겁게 응원합니다.

오늘의 긍정확언

"All is well."
모든 것이 다 잘되고 있어. 다 괜찮아.
이 또한 지나갈 것이다.
다른 새로운 문이 열리고 있어.
지금을 생각하며 웃을 날이 올 거야.

·· Positive Affirmation For Myself
나를 위한 긍정확언

이대로도 괜찮아!

당신은 지금까지 충분히 잘 살아왔다.
먼저 지구별에 인간으로 태어난 것! 성공이다.
이 글을 읽을 수 있고 이해한다는 것! 성공이다.
그 언젠가는 하지 못했던 것들을 해냈다!
충분히 잘해냈다!
하지 못한 것보다 해낸 것이 더 많다!

그러니까 앞으로도 잘 해낼 것이다.
그간 열심히 살아온 나에게 말하라!

_____ 야, 참 잘해왔어! 너 자체로 충분해!

나는 해낸 것이 훨씬 많다.

나는 내가 참 좋다.

나는 있는 그대로 나를 사랑한다.

나는 항상 나 자신을 칭찬한다.

나 자체로 충분해.

Positive Affirmation For Myself

나를 위한 긍정확언

당신이니까

죽을 만큼 좋아했던 사람과 모른 채 지나가게 되는 날이 오고,
한때는 비밀을 공유하던 가까운 친구가
전화 한 통 하지 않을 만큼 멀어지는 날이 오고,
또 한때는 죽이고 싶을 만큼 미웠던 사람과 웃으며 볼 수 있듯이
시간이 지나면 이것 또한 아무것도 아니다.

변해버린 사람을 탓하지 않고, 떠나버린 사람을 붙잡지 말고,
그냥 그렇게 봄날이 가고 여름이 오듯
내가 의도적으로 멀리하지 않아도
스치고 떠날 사람은 자연히 멀어지게 되고,
내가 아등바등 매달리지 않더라도 내 옆에 남을 사람은
무슨 일이 있더라도 알아서 내 옆에 남아준다.

나를 존중하고 사랑해주고 아껴주지 않는 사람에게
내 시간 내 마음 다 쏟고 상처 받으면서
다시 오지 않을 꽃 같은 시간을 힘들게 보낼 필요는 없다.
비바람 불어 흙탕물을 뒤집어썼다고 꽃이 아니더냐.
다음에 내릴 비가 씻어준다.

실수는 누구나 하는 거다.
아기가 걸어 다니기까지 3000번은 넘어지고야 겨우 걷는 법을 배운다.
난 3000번을 이미 넘어졌다가 일어난 사람이거늘,
뭐 별 것도 아닌 일에 좌절하는가.

이 세상에서 가장 슬픈 것은
너무 일찍 죽음을 생각하게 되는 것이고,
가장 불행한 것은
너무 늦게 사랑을 깨우치는 것이다.

내가 아무리 잘났다고 뻐긴다 해도
결국 하늘 아래에 놓인 건 마찬가지인 것을.
높고 높은 하늘에서 보면 다 똑같이 하찮은 생물일 뿐인 것을.
아무리 키가 크다 해도 하찮은 나무보다도 크지 않으며,
아무리 달리기를 잘한다 해도 하찮은 동물보다도 느리다.

나보다 못난 사람을 짓밟고 올라서려 하지 말고,
나보다 잘난 사람을 시기하여 질투하지도 말고,
그냥 있는 그대로의 나를 사랑하며 살았으면 좋겠다.
하늘 아래 있는 것은 다 마찬가지니까.

— 엘리자베스 퀴블러 로스(Elizabeth Kubler Ross, 의사)

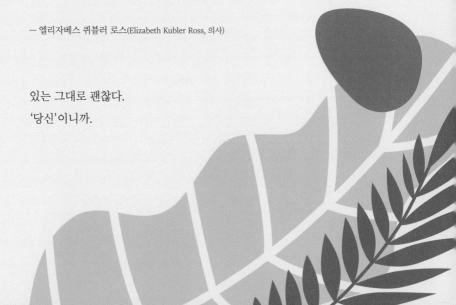

있는 그대로 괜찮다.
'당신'이니까.

나는 나대로 참 괜찮은 사람이다.

나는 있는 그대로의 나를 받아들인다.

나는 아무런 조건 없이 있는 그대로의 나를 사랑한다.

나는 있는 그대로 충분히 가치 있고 사랑스럽다.

나는 나를 존중하며 지지한다.

있는 그대로 괜찮다.

'당신'이니까!

Positive Affirmation For Myself

나를 위한 긍정확언

Big Hug 포옹의 마술적인 힘

포옹은 건강에 좋고, 생에 활기를 주며,
회춘시켜 주고, 부작용도 없는 기적의 약이다.
게다가 포옹은 자연 그대로의 것이다.
포옹은 아주 이상적인 선물이어서
어느 행사에나 어울리고 주고받기 즐겁고
관심도 담고 있다.

포옹은 완벽하다.
건전지를 바꿀 필요도 없고,
인플레 걱정도 없고,
도둑맞을 염려도,
월세도 세금도 낼 필요가 없다.
포옹은 마술적인 힘이 있으나
잘 사용되지 않는 자원이다.
당신 삶에서 만나는 사람들을 생각하고
주저 없이 당신이 먼저
그들을 안아주기 시작하라.
오늘부터 하루에 세 번 이상
온 마음으로 포옹해보자.

당신에게 Big Hug를 보낸다.

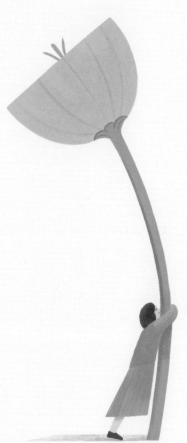

나는 따뜻한 사람이다.

나는 사랑 그 자체다.

나는 언제나 생기 넘친다.

나는 내 자신에게 관대하다.

나는 하루에 3번 이상 온 마음으로 포옹한다.

Positive Affirmation For Myself

나를 위한 긍정확언

누구와 함께 할 것인가

당신의 꿈을 과소평가하는 사람들을 멀리하라.
소인배들은 항상 그런 태도를 취한다.
하지만 진실로 위대한 사람들은
당신도 위대해질 수 있다고 느끼게 해준다.

— 마크 트웨인(Mark Twain)

Keep away from people who try to belittle your ambitions.
Small people always do that,
but the really great make you feel that
you, too, can become great.

나는 나 스스로를 믿고 지지한다.
나는 사랑하고 사랑받을 자격이 있다.
내가 어디에 있든 나는 사랑받고 안전하다.
나는 언제나 나에게서 긍정적인 면을 발견한다.
내 주위에는 항상 긍정적인 사람들이 가득하다.

Positive Affirmation For Myself

나를 위한 긍정확언

그러나 나는

어떤 이들은 내일이 없는 듯이 살아가라고 말합니다.
그러나 나는 그러지 않을 것입니다.
나는 내일을 기다리며 영원히 살 것처럼 생각하고 행동할 것입니다.
그래야 나의 소망이 높아지고
오늘 쌓는 작은 노력들이 더욱 소중해지기 때문입니다.

어떤 이들은 젊음은 다시 오지 않는다고 말합니다.
그러나 나는 그렇게 생각하지 않습니다.
내 젊음은 다시 찾아오지 않겠지만,
내 마음의 젊음은 내 푸른 생각으로
언제까지나 간직할 수 있기 때문입니다.

어떤 이들은 인생은 한때가 중요하다고 말합니다.
그러나 나는 그렇게 생각하지 않습니다.
삶의 한때를 통해서 보게 될 내 모습보다
평생을 통해 보게 될 모습이 더 귀하기 때문입니다.

어떤 이들은 서둘러 과일을 따서 빨리 익혀 먹자고 말합니다.
그러나 나는 그러지 않을 것입니다.
나는 과일을 맛있게 익게 하는 가을 햇살이
준비되어 있다는 사실을 믿기 때문입니다.

어떤 이들은 멈추지 말고 쉼 없이 달려가라고 말합니다.
그러나 나는 그렇게 하지 않을 것입니다.
삶에 대한 순간의 긴장은 늦추지 않겠지만
생활 속의 자유를 소중히 여기며 충분한 휴식으로
활기찬 생활을 하고 싶기 때문입니다.

어떤 이들은 그냥 이대로가 좋다고 말합니다.
그러나 나는 그렇게 말하지 않을 것입니다.
나의 삶 속에는 지금보다 훨씬 더 좋은 것들이
많이 있다고 믿기 때문입니다.

어떤 이들은 시간이 없다고 말합니다.
그러나 나는 그렇게 생각하지 않습니다.
내 마음속에 확신이 가득하다면
시간은 언제라도 충분하기 때문입니다.

― 마사 메리 마고

Today's Positive Affirmation
오늘의 긍정확언

내 삶 속에는 지금보다 훨씬 더 좋은 것들이 많다.
나는 빛을 보는 사람이다.
나는 인생의 매 순간 행복하고 항상 감사한다.
나는 긍정적인 에너지로 가득하다.
나는 행복을 누릴 자격이 있다.

Positive Affirmation For Myself

나를 위한 긍정확언

훨훨!

인간은 크게 거미형, 개미형, 나비형 3가지로 분류된다.

거미형 인간은 생산적·창조적 노력은 하지 않고 과거에 얻은 지식과 경험, 지위나 명성 등을 통해 먹고 산다. 개미형 인간은 부지런히 먹을 것을 수집하지만 자신의 가족이나 기업 등을 유지하기에 급급하다. 나비형 인간은 자신의 몫을 챙기지 않고 쉬지 않고 옮겨 다니며 행복과 사랑과 생명을 전파한다.

다수 애벌레는 자기가 '나비'가 될 것이라는 사실을 알면서도 번데기가 되는 아픔(온몸이 굳어가는 아픔)을 모면하려고 그냥 애벌레로 여생을 보낸다. 인간으로 치면 자기의 꿈을 접고 세상과 타협하여 적당히 살아가는 부류의 인생들이다.

그러나 이를 극복하고 나비가 된 애벌레는 생애 동안 다른 어떤 곤충보다도 아름다운 시절을 보내게 된다. 나비가 됨으로써 평생 100킬로미터 이상의 거리를 자유롭게 날고, 꽃가루를 몸에 묻혀 각종 식물과 나무의 열매도 맺게 하는 좋은 일도 한다. 나비가 된 그는 하늘을 날아 숲도 보고, 호수도 보고, 강도 즐긴다.

고통의 강을 건너 성공의 피안에 도착한 인간은 다른 사람도 건너올 수 있도록 자기의 나룻배를 기꺼이 사회에 기부하는 것이다. 만일 그냥 애벌레로 남았다면, 평생 나뭇잎사귀 정도의 시야에 갇혀 살아야만 했으리라. 출발은 같았으나 그 끝은 장대한 차이를 이루게 되는 것이다.

원래 우리 모두는 '나비'가 될 운명이다. 그러나 대부분은 세상에 부대끼고 본인의 의지 부족으로 나비가 되기를 거부하고 애벌레로 남는다. 나비가 되든 애벌레가 되든 인생은 옵션(Option)이다.

생각하는 대로 살지 못하면 사는 대로 생각하게 된다.
당신이 나비처럼 훨훨 날았으면 좋겠다.

— 고영, 《나비형 인간》 중에서

나는 나로부터 자유롭습니다.

나는 오늘을 시작합니다.

오늘 나의 새로운 삶이 시작됩니다.

나는 나비처럼 훨훨 날아오릅니다.

나는 깨어 있고, 에너지가 충만하며, 생기 넘칩니다.

2장

Sadness

슬픔과 작별 인사 하기

느닷없이, 슬픔이 찾아올 때

뿌루퉁하게 있지 마라

딱 한 번밖에 미소 지을 수 없다면 사랑하는 사람들에게 미소를 지어라.
집에서 너무 뿌루퉁하게 있지 마라.
그리고 거리로 나가 생판 모르는 사람들에게
"안녕하세요, 좋은 아침이에요" 하고 인사를 건네며 미소를 지어라.

— 마야 안젤루 (Maya Angelou, 시인이자 영화배우)

안녕하세요~ 좋은 아침이에요!

나는 항상 나를 뜨겁게 응원한다.

나는 날마다 모든 면에서 더 좋아지고 있다.

나는 부정 속에서 긍정을 끌어내는 사람이다.

나는 모든 사람들을 기분 좋게 하는 미소를 갖고 있다.

Positive Affirmation For Myself

나를 위한 긍정확언

뛰.어.라!

천길 벼랑 끝 100미터 전.
하느님이 날 밀어내신다.
나를 긴장시키려고 그러시나?

10미터 전.
계속 밀어내신다.
이제 곧 그만두시겠지.

1미터 전.
더 나아갈 데가 없는데
설마 더 미시진 않을 거야.

벼랑 끝.
아니야, 하느님이 날 벼랑 아래로
떨어뜨릴 리가 없어.
내가 어떤 노력을 해왔는지
너무나 잘 아실 테니까.

그러나 하느님은
벼랑 끝자락에 간신히 서 있는 나를
아래로 밀어내셨다.

……

그때야 알았다.
나에게 날개가 있다는 것을.

나는 충분히 강한 사람이다.
나는 기꺼이 내 한계를 뛰어넘는다.
나는 두려움의 장벽을 기꺼이 넘는다.
나는 에너지와 열정으로 가득 차 있다.
나에게는 날개가 있다.

Positive Affirmation For Myself

나를 위한 긍정확언

너무 걱정 말아요

인생은 놀랍다. 때로는 지독하다.
그러다가 다시 우리를 놀라게 한다.
인생의 놀라움과 지독함 사이에는
여느 때와 다름없는 평범한 일상이 있다.
놀라움을 자연스럽게 받아들이고, 지독함을 견디고,
일상 속에서 긴장을 풀고, 숨을 내쉬자.
산다는 건 그런 것이다.
가슴 아프고, 영혼을 치유하고, 놀랍고, 지독하고, 평범한 것이다.
그리고 숨이 멎을 듯이 아름답다.

— 멜 로빈스 (Mel Robbins, 작가, 강연가)

놀랍고 지독하고 평범한 것.
그리고 숨이 멎을 듯이 아름다운 것.
그것이 산다는 것.

너무 걱정 말아요. 이 또한 과정이니까.
당신은 그 자체로 눈부시게 아름다운 존재라는 것.
그것만 기억하세요.

나는 모든 걱정에 사랑을 보낸다.

나는 나 자체로 눈부시게 아름답다.

나는 언제나 평화롭다.

지금 이 순간 내 호흡을 느낄 수 있어 감사한다.

내 마음은 고요하고 평화롭다.

Are you really Okay?

"정말 괜찮아?"

이 한마디에 눈물이 왈칵 쏟아졌다.
나는 쿨하게 웃고 있었지만,
괜찮지 않았던 것이다.
잊었다고 생각했지만,
잊지 못했던 것이다.

잊으려고 하지 마라.
괜찮은 척 하지 마라.
아프면 실컷 울어라.

바닥에 내 발이 탁 닿으면
힘껏 차고 솟아오를 일만 남았으니까.

실컷 울고
다시 시작하면 된다!

이제 솟아오를 일만 남았다.
나는 새롭게 다시 시작한다.
나는 희망의 말을 하는 사람이다.
나는 매일매일 기분이 더 좋아진다.
변화는 나날이 쉬워진다.

신이 주신 훈련

우리가 남을 섬기려 할 때는 딱딱한 콩과 같아서
그 사람에게 직접적으로 유익을 주기는 어렵다.

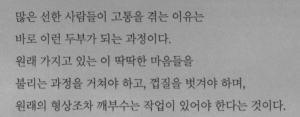

우리는 우리 자신을 물에 불리고 돌에 갈아서
자신의 모습을 사그러뜨려 두부로 만들어져
사람들에게 먹히는 것과 같이 그렇게 섬겨야 한다.

많은 선한 사람들이 고통을 겪는 이유는
바로 이런 두부가 되는 과정이다.
원래 가지고 있는 이 딱딱한 마음들을
불리는 과정을 거쳐야 하고, 껍질을 벗겨야 하며,
원래의 형상조차 깨부수는 작업이 있어야 한다는 것이다.

이것이 이뤄지지 않고는 사람들에게 들어갈 수 없다.
부드러운 모습이 될 수 없다.

내가 선하게 살기로 했는데 많은 고통이 있다면,
맷돌에 가는 것처럼 고통이 있다면,
이것이 내 안에 있는 옳지 못한 것들이 갈리는 것이라고 생각하라.

콩을 맷돌에 간다고 화학적 성분이 달라지지는 않는다.
사람들이 섭취하기 쉽게 물리적 성질만 달라질 뿐이다.

우리는 신이 주신 고귀한 모습을 잃지 않되
자신이 가지고 있는 모난 부분, 구석진 부분을 맷돌에 갈아야 한다.

신이 주는 시련과 인생의 고난을 통해
그것들을 갈아내고 순수하게 정제되어야 한다.

기억하라.
고통과 고난은 영혼의 성장을 위해 신이 주는 훈련이라는 것을.
주어진 행복 안에 안주하는 것은
성장을 멈추고 배움을 포기하는 것이라는 것을.

Today's Positive Affirmation

오늘의 긍정확언

나는 대체 불가능한 앙꼬를 만들고 있는 과정에 있다.
나는 나의 최고의 모습으로 되는 과정에 있다.
나는 삶을 변화시킬 충분한 힘을 가지고 있다.
나는 오늘도 성공 역사를 쓰는 중요한 여정에 있다.
나는 매 순간 내 안의 달란트들을 발견한다.

Positive Affirmation For Myself

나를 위한 긍정확언

"불행해질 권리를 요구합니다!"

모든 미래, 모든 것이 결정되어 있고, 탄탄대로인 세상이 있다. 이곳에서 아이들은 체격과 지능, 성격 등의 특성뿐만 아니라 직업과 취미, 적성도 인공적으로 미리 정해진 채로 태어난다.

인공 조작을 거쳐 대량생산된 아이들은 성인이 된 뒤 이미 날 때부터 정해져 있는 일을 하기만 하면 물질은 필요에 따라 충분히 공급받는다. 육체적인 고통, 근심, 걱정, 불만이 있을 수가 없는 세상이다. 그럼에도 불구하고 고민이나 불안이 생기면 행복한 감정을 유지시키는 알약을 먹으면 된다. 그 알약은 '잠시 현실을 잊을 수 있고, 돌아올 때도 골치 아픈 게 전혀 없는' 특효약이다. 이런 멋진 신세계에 살고 있던 소설 속의 존은 신세계의 지도자인 총통 무스타파 몬드에게 이렇게 말한다.

"불행해질 권리를 요구합니다!"

"그렇다면 나이를 먹어 추해지는 권리, 매독과 암에 걸릴 권리, 먹을 것이 떨어질 권리, 이가 들끓을 권리, 내일 무슨 일이 일어날지 몰라서 끊임없이 불안에 떨 권리, 장티푸스에 걸릴 권리, 온갖 표현할 수 없는 고민에 시달릴 권리도 원한다는 말인가?"라고 물었다. 긴 침묵 끝에 존은 대답한다.
"네, 저는 그 모든 권리를 요구합니다."

그는 왜 이렇게 대답했을까?

나는 나의 삶을 스스로 선택한다.
나는 스스로 내 삶을 개척해 나갈 수 있다.
나는 미래를 선택할 수 있는 자유가 있음에 감사한다.
나는 내 영혼의 선장이다.
나는 내 운명의 지배자다.

마술적인 힘

나는 항상 마술적인 힘을 믿었다.
내가 이 도시에서 아무 일도 못 하고 있을 때,
나는 매일 밤 언덕에 올라가 밀홀랜드 드라이브에 앉아
도시를 내려다보면서 양팔을 쭉 뻗으며 이렇게 말하곤 했다.

"모든 사람이 나와 일하고 싶어 한다. 나는 정말로 좋은 배우다.
나는 온갖 장르의 훌륭한 영화에 출연 요청을 받고 있다."

나는 여러 편의 영화들이 쇄도하고 있다고
스스로를 설득시키면서 몇 번이고 그 말들을 반복했다.
그런 다음 나는 "내게 영화 출연 제의들이 있는데,
아직 내가 그 소식들을 듣지 못하고 있을 뿐이다"라고 계속 반복하면서,
온 세상을 다 감당할 정도의 준비 태세를 갖추고 그 언덕을 내려오곤 했다.

그것은 내 가정환경에서 나온 부정적인 것들에 대한 해독제이자,
전적인 긍정과도 같았다.

— 짐 캐리 (Jim Carrey, 영화배우)

당신은 자신에게
매일 무엇을
외치고 있는가?

Today's Positive Affirmation
오늘의 긍정확언

나는 내가 원하는 삶을 산다.
나는 언제나 기회를 찾는 사람이다.
나는 내 자신을 전적으로 신뢰한다.
내 인생은 눈부시게 빛난다.
나는 사랑, 기쁨, 풍요를 느낀다.

Positive Affirmation For Myself
나를 위한 긍정확언

일어나서 당당히 나아가라

지금 당신이 동굴 속에서
웅크리고 있다고 생각하는가?
그렇다면 내 자신을 일으킬 수 있는 것은
오직 '나'임을 기억하고 일어나라.
나 자신에게 할 수 있다고 외치고 박수쳐 주어라.
주위 사람들이 "너는 안 된다"라고 얘기해도 듣지 마라.
그럴 때일수록 거울 속에 내 눈을 똑바로 쳐다보며
"나는 할 수 있다"라고 외치고
담대하게 뛰어나가 뛰고 또 뛰어라.
'빛'을 볼 때까지.

나는 강하다. 결국 나는 해낸다.
나는 다른 사람의 말보다 내 믿음이 더 중요하다.
내 자신을 일으킬 수 있는 사람은 오직 나다.
나는 될 때까지 하는 사람이다.
나는 당당하게 일어나 나아간다.

Positive Affirmation For Myself

나를 위한 긍정확언

3장

Anger

분노 보내기

갑자기 화가 치밀어 오를 때

So What?

수년간의 성폭력, 마약중독, 미혼모의
얼룩진 10대를 보낸 오프라 윈프리.
그녀는 기자들이 과거의 이야기를 물으며
상처를 적나라하게 파헤칠 때 이렇게 되물었다.

"So What?" (그래서 뭐?)

'그건 과거일 뿐이고 그래서 지금 뭐?'라고
당당하게 되묻는 그녀는
'나다움', '존재다움'이 무엇인지를 보여준다.

그녀는 '그녀다움'으로 모든 것을 바꿨다.
그 무엇도 '그녀다움'을 파괴하도록 두지 않는다.
'그녀다움'으로 타인의 시선이나 판단에 휘둘리지 않는다.
'그녀다움'으로 세상을 밝힌다.
그렇기에 그녀는 참으로 아름답다.

과거가 아픈가? 마음이 괴로운가?
그렇다면 크게 외치자.

"So What?" (그래서 뭐?)

그리고 패스(Pass)!
아름다운 당신!
'당신다움'으로 나아가라.

Today's Positive Affirmation
오늘의 긍정확언

So What? (그래서 뭐?)

PASS! (패스!)

나는 내 삶을 담담하게 바라본다.

나는 나답게 나아간다!

나는 내 삶을 긍정적으로 변화시킨다!

Positive Affirmation For Myself
나를 위한 긍정확언

허락하지 말 것

그들의 진실이
당신의 진실이 되게 하지 마라.

"꿈 깨라! 넌 절대로 그거 못해!"
"그 일은 아무나 하는 게 아니야!"
"넌 안 돼. 그게 어떻게 가능하니?"

주위에서 부정적인 말들로
당신을 이해하지 못하는 사람들 때문에 화가 나는가?
그것은 그들이 당신을 사랑하지 않거나
관심이 없어서가 아니다.
그것은 그들 스스로가
그것이 불가능하다고 생각하기 때문이다.

그들의 진실이
당신의 진실이 되게 하지 마라.
그들의 '관점'이 당신의 '현실'을
좌지우지하게 하지 마라.

당신은 충분히 강하고
무엇이든 할 수 있는 사람이다.

인생의 주인공으로
내 삶을 선택할 준비가 되었는가?

나는 해로운 에너지를 즉시 차단한다.
나는 충분히 멋진 사람이다.
나는 내 마음속 확고한 목표가 있다.
나는 무엇이든 할 수 있는 사람이다.
나는 기꺼이 주인공의 삶을 선택한다.

Positive Affirmation For Myself

나를 위한 긍정확언

참 이상합니다

참 이상합니다.
남에게 섭섭했던 일은 좀처럼 잊히지 않습니다.
참 이상합니다.
남에게 고마웠던 일은 슬그머니 잊히곤 합니다.
참 이상합니다.
내가 남에게 베풀었던 일은 오래 기억합니다.
참 이상합니다.
내가 남에게 상처를 줬던 일은 쉽사리 잊어버리곤 합니다.

이상한 그 마음을 들여다보세요.
이상해서 불편한 그 마음을 편안한 마음으로 전환하세요.
남에게 도움 받거나 은혜를 입은 일은 기억하세요.
대신 타인에 대한 원망은 놓아버리고 잊어버리세요.
고마운 일만 기억하고 살기에도 짧은 인생입니다.

나는 사람들의 좋은 점을 잘 찾는다.

나는 고마운 것을 잘 기억한다.

나는 매일 따뜻한 말을 한다.

나는 항상 미소 지으며 기쁨으로 말한다.

나는 고마움을 잘 표현하는 사람이다.

진작할걸!

어느 스님이 마음을 다스리는 심플한 방법을 알려주신 이후로 써봤다.
그리고 어떤 일이든 웃어넘기는 때가 많아졌다. 진작할걸!
당신에게도 그 심플한 3단계 비법을 공유한다. 진짜 효과 있다!

1단계 "~구나."
거슬리는 일이 생긴다. 3초 쉬고, 있는 그대로 바라본다.
2단계 "~겠지."
어떤 일이든 이유가 있다. 상대방의 입장에서 그 상황의 이유를 찾아본다.
3단계 "감사."
상황이 더 나빠지지 않는 것에 감사한다.

연습해보자.
1단계. "저 사람이 화를 내는구나."
2단계. "요즘 되는 일이 없어서 그러는 거겠지."
3단계. "나에게 더 큰 해를 끼치지 않는 것에 감사하자."

Today's Positive Affirmation

오늘의 긍정확언

나는 항상 플러스를 선택하는 사람이다.
나는 침착한 사람이다.
나는 내 마음을 잘 다스리는 사람이다.
나는 삶에 만족을 느낄 줄 아는 사람이다.
나는 이미 충분히 가지고 있다.

Positive Affirmation For Myself

나를 위한 긍정확언

행복의 원칙

'우울'이 머릿속에 가득하면 우울한 일들만 끌어당기게 된다.

반대로 '행복'한 마음이 가득하면 행복한 일들만 끌어당기게 된다.

내 마음속에 부정적인 감정이 느껴질 때,

그것을 빨리 알아채고 긍정적인 감정으로 바꾸어라.

우리는 충분히 이것을 '습관'화할 수 있다.

당신의 마음이 긍정적인 감정으로 가득 채워지면

부정적인 감정이 끼어들 틈이 완전히 사라져버릴 것이다.

나는 내 마음을 빨리 알아채는 사람이다.
나는 부정적인 감정을 10분 내로 잘 내보내는 사람이다.
나는 긍정 모드로 잘 전환한다.
나는 유쾌한 사람이다.
나는 행복한 일들을 끌어당기는 자석이다.

사람에게 있는 6가지 감옥

심리학자 케이치프 노이드의 말에 의하면
사람에게는 6가지 감옥이 있다고 합니다.

첫째 감옥은 '자기도취의 감옥'입니다.
자기 자신에 취하면 아무도 못 말립니다.

둘째 감옥은 '비판의 감옥'입니다.
상대의 단점만 보고 비판하는 사람 곁에는 아무도 없습니다.

셋째 감옥은 '절망의 감옥'입니다.
항상 세상을 부정적으로 바라보고 불평하는 사람은
그의 삶 역시 부정적이고 절망적일 수밖에 없습니다.

넷째 감옥은 '과거 지향의 감옥'입니다.
화려했던 과거만 떠올리며 산다면
현재는 속절없이 낭비될 것입니다.

다섯째 감옥은 '선망의 감옥'입니다.
내가 가진 것에 감사하기보다 남이 가진 것만 우러러본다면
매일매일의 삶은 불평불만만 이어질 것입니다.

여섯째 감옥은 '질투의 감옥'입니다.
남이 잘되는 것을 진심으로 축하해줄 수 있는 사람만이 기회를 만들고
그 기회를 성공으로 연결시킬 수 있습니다.

이 6가지 감옥에서 지금 당장 탈출하세요.
그렇지 않으면 결코 행복할 수 없습니다.

나는 항상 깨어 있다.
나는 남과 비교하지 않는다.
나는 나로서 완전하다.
내 마음은 항상 즐겁다!
나는 내 목표를 향해 어제보다 성장한 오늘에 집중한다.

인생에서 가장 멋진 일은,
사람들이 당신은 해내지 못할 것이라고 한 일을 해내는 것이다.

— 월터 배젓 (Walter Bagehot, 경제학자이자 문학평론가)

가장 짜릿한 순간!
사람들이 "넌 못 할 거야!"라고 했던 일을 해낸 순간!

"'마인드파워로 세상을 이롭게!' 하는 사람이 될 거야!"
사람들에게 내 꿈을 이야기했을 때,
나에게 "넌 할 수 있어!"라고 했던 사람은 아무도 없었다.

"미국 대기업 그만두고 뭐?"
"전 재산 투자에 빚까지 내서 미국 교육 간다고?"
"밥? 누구? 다단계 같은 이상한 데 빠진 거 아니니?"
어느 순간 함구할 수밖에 없었던 이유였다.

마인드파워를 강화하며
'행동과 결과로 보여주자'고 수없이 다짐했다.
어느 순간 사람들의 질문이 바뀌었다.
"어떻게 하면 그렇게 할 수 있어요?"

사람들에게 이야기하지 마라.
보여주어라!

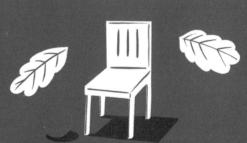

Today's Positive Affirmation
오늘의 긍정확언

나는 나를 뜨겁게 지지한다.
나는 항상 나를 믿는다.
나는 언제나 활기차다.
나는 무엇을 하든 잘한다.
나는 행동으로 보여주는 사람이다.

Positive Affirmation For Myself
나를 위한 긍정확언

재정의하는 순간 바뀌는 기적

실연: 내가 꿈꾸어 왔던 멋진 연애를 시작할 수 있는 기회
낙방: 최고 득점자로 합격하기 위한 모의고사
실직: 최고의 CEO가 되기 위한 트레이닝
불운: 기막히게 근사한 행운이 찾아오리라는 징조
실패: 내 자서전이 보다 흥미진진해질 수 있는 소재거리
교통지옥: 나의 미래를 구상하는 특별 보너스 타임

진수 테리(Jinsoo Terry)가 쓴 그녀만의 어휘사전이다.
당신의 부정적인 어휘를 긍정적으로 재정의해보라.
기분이 좋아지는 것은 물론 다시 시작할 용기도 생길 것이다.

'분노'를 재정의하라.
나에게 분노란?
미친 결단을 할 수 있는 동력!

당신의 사전에서 '분노'란 무엇인가?

재정의하라.
그것만으로도 나의 관점이 바뀐다.
그리고 나의 반응도 바뀐다.

나는 어떤 상황에서도 긍정을 선택한다.

나에게 분노는 미친 결단을 내릴 수 있는 동력이다!

내가 바라보는 대로 상황이 바뀐다.

내가 말하는 대로 이루어진다.

How AWESOME I am! 이렇게 내가 멋질 수가!

4장

Forgiveness

용서 선택하기

서둘러, 용서하고 싶을 때

지옥을 만드는 가장 간단한 방법

지옥을 만드는 방법은 간단하다.
가까이 있는 사람을 미워하면 된다.
천국을 만드는 방법도 간단하다.
가까이 있는 사람을 사랑하면 된다.
결국 모든 것이 나로부터 시작된다.
나를 다스려야 뜻을 이룬다.
모든 것은 나 자신에게 달려 있다.

— 백범 김구 (金九, 독립운동가)

나를 힘들게 한 사람은 나만큼 힘들까?
그 사람을 미워할수록 가장 괴로운 사람은 누구일까?
바로 나 자신이다.

가장 중요한 것은 내 마음이다.
그 사람을 미워할수록 나는 행복감을 느낄 수 없다.
내 주위에는 못 믿을 인간들만 있는 것 같다면
배신당했다는 생각에 사로잡혀 나 혼자 부정의 늪에서 허우적대게 된다.
이때의 마음은 이미 지옥이다.

그렇기에 용서하라!
나 자신을 위해서 '기꺼이' 용서를 '선택'하라.
오늘 당장 '용기'를 내어 '용서'를 선택하라.

나는 용기 있는 사람이다.

나는 오늘 '용기'를 내어 '용서'를 선택한다.

나는 가까이 있는 사람들을 사랑한다.

모든 것이 나로부터 시작된다.

모든 것은 나 자신에게 달려 있다.

Positive Affirmation For Myself

나를 위한 긍정확언

'진정한 자유'를 위한 선택

부처는 분노를
극도로 화가 난 사람이 상대를 향해 던지려고
불 속에서 끄집어 낸 석탄 덩어리에 비유했다.
석탄 덩어리를 집어 들면 손을 데이는 건 바로 자기 자신이다.

우리가 용서하지 않는다면 부정적인 감정들이
우리의 꿈을 방해하게 해서 어떤 곳으로도 나아가지 못한다.

증오심과 분노, 고통 등
모든 독성의 감정들이 내 안에 쌓이게 되면
그 독은 내 삶의 다른 부분들에까지 천천히 스며들게 된다.
우리의 생기를 빼앗아 가고,
우리 마음의 문을 닫게 만들고,
풍요로운 삶이 우리의 경험 속에 들어오지 못하게 한다.
나에게 상처를 준 사람은 괴로워하지 않는다.
방해를 받는 것은 우리의 삶이고, 우리의 꿈이다.

바로 나 자신을 위해 매일 용서를 실천하라.
용서는 우리에게 자유를 준다.
우리의 마음을 피폐하게 만드는
고통, 공포, 분노, 증오 등의 감정에서 자유롭게 해준다.

우리가 평생 원한을 품고 다닌다면
그것은 엄청나게 무거운 짐이 될 것이다.
어떤 누구도 그 무거운 짐을 짊어지고 자유롭게 앞으로 나아갈 수 없다.

내가 받은 상처에만 계속 집중한다면
상처는 오히려 더 커져서 더욱 그 상처에 집중하느라
다른 사랑하는 사람들과 나의 일을
애정을 갖고 돌아볼 여유가 없어질 것이다.

나는 나 자신을 위해 매일 용서를 실천한다.

나는 매일 자유를 느낀다.

나는 모든 부정적인 감정에서 자유롭다.

치유의 에너지가 나를 통해 흐른다.

나는 나 자신을 돌보며 나 자신을 존중한다.

Positive Affirmation For Myself

나를 위한 긍정확언

Day
27 나는 용서합니다

나는 나에게 상처를 주었던 그를
흔쾌히 용서합니다.
나는 그 전에 있었던 일을 모두,
그리고 완전하게 용서하겠습니다.
나는 자유로우며, 그도 자유롭습니다.
나는 이제까지 나를 화나게 했던 모든 사람,
모든 일에 대해서 용서했습니다.
그리고 모든 사람에게 건강과 행복이
또한 은혜가 베풀어지기를 기원합니다.
그리고
나를 불쾌하게 한 사람이 생각나면
"나는 당신을 용서했다.
그리고 모든 은혜는 당신의 것이다"
라고 말해주겠습니다.
당신도 자유롭고, 나도 자유인입니다.

— 조셉 머피 (Joseph Murphy, 작가)

나는 내 주위 사람들에게 축복을 보낸다.

나는 부족하고 서투르게 느껴지는 나도 인정하고 수용한다.

나는 스스로를 용서하고 자유롭게 한다.

나는 당신을 용서했다. 그리고 당신을 축복한다.

당신도 자유롭고, 나도 자유롭다.

에너지의 흐름이 바뀌는 순간

지금 현재까지의 '나'는
내가 어제까지 생각하고 느꼈던 모습이다.
내가 바뀌기를 원한다면 이제 모두 놓아주고,
바로 지금 이 순간부터 원하는 생각과 감정에 집중하라.
그 결심으로부터 모든 에너지의 흐름은 바뀌기 시작한다.

이제 더 이상 과거의 아픈 기억이 당신의 현재와 미래를
방해하지 못하도록 훨훨 놓아주어라.
나에게 상처 준 이들을 용서하라.
그리고 나 자신을 용서하라.

감사했던 일들,
내가 성취했던 작은 경험들만 생각하기에도
짧은 인생이다.

과거는 과거로서 끝났다.

나는 이제부터 바뀐다.

나는 지금 이 순간부터 내가 원하는 생각에 집중한다.

나의 모든 에너지는 내가 원하는 상태에 맞춰져 있다.

내 인생은 기쁨과 감사가 넘친다.

Positive Affirmation For Myself

나를 위한 긍정확언

아름다운 삶을 위한 팁

당신의 인생을 다른 사람들의 것과 비교하지 마세요.

그들의 인생의 여정, 목표가 어떤 것인지 모르니까요.

촛불을 태우세요. 좋은 종이를 사용하세요.

특별한 때를 위해 아껴두지 마세요. 오늘이 바로 특별한 날입니다.

아무도 당신의 행복을 책임질 수 없습니다. 오직 당신 외엔.

모든 사람을 용서하십시오.

다른 사람들이 당신을 어떻게 생각하는지는 상관할 일이 아닙니다.

시간이 거의 모든 것들을 낮게 해줍니다. 시간을 주세요.

아무리 좋은 상황 또는 나쁜 상황일지라도 그것은 변할 것입니다.

Don't compare your life to others'.

You have no idea what their journey is all about.

Burn the candles, use the nice sheets.

Don't save it for a special occasion. Today is special.

No one is in charge of your happiness except for you.

Forgive everyone for everything.

What other people think of you is none of your business.

Time heals almost everything. Give time, time.

However good or bad situation is, it will change.

오늘은 특별한 날이다.

어떤 상황이든 나에게 더 좋은 방향으로 변한다.

다른 사람들이 나를 어떻게 생각하는지는 중요치 않다.

가장 중요한 것은 내가 나를 어떻게 생각하는가다.

오직 나만이 내 행복을 만든다.

Positive Affirmation For Myself

나를 위한 긍정확언

왜 끝내 부자가 되지 못하는가

어떤 직업에 종사하든지 간에
타인에 대해 분노와 부정적인 감정을 품는다면,
끝끝내 부에 도달할 수 없게 된다.

수많은 사람들이 평생 부를 얻지 못하고
인생이 끝나버리는 이유가 여기에 있다.
상대방에 대한 적개심을 풀고 용서를 하기 전까지
그들에게 부는 결코 찾아오지 않는다.

"내 감정을 상하게 한 모든 것들을 용서한다.
몸과 마음에 끼친 모든 원인을 용서한다.
과거, 현재, 미래의 모든 원인을 용서한다.
과거 또는 현재에 용서를 원하고 있는 모든 사람과 사물을 용서한다.
그들은 이제 자유이며, 나 역시 자유가 되었다.
그 모든 원인과 나 사이의 모든 원인이
지금 이 순간, 그리고 앞으로 영원히 해소된다."

과거와 현재의 어떤 사람 또는 상황에 대해 분노를 품고 있다면,
당신은 그 상대방에게 강철보다 더한 끈으로 포박되어 있는 것이나 다름없다.
그런 감정은 당신의 부를 막고,
벗어나려고 하는 상대방에게 계속 묶여 있도록 만든다.
용서의 습관은 그처럼 불행한 사슬을 끊고
더 나은 삶을 향해 나아가게 하는 유일한 방법이다.

"나는 완전히, 그리고 솔직하게 당신을 용서한다.
나는 당신을 자유롭게 놓아준다.
당신도 이제 완전히, 그리고 솔직하게 나를 용서한다.
당신은 나를 자유롭게 놓아준다.
나와 당신 사이의 모든 부정적인 감정은 지금 이 순간,
그리고 앞으로 영원히 지워진다."

인생에서 제거하고 싶은 것을
글로 적은 후에 매일 소리 내어 이렇게 다짐해보자.

그냥 틈날 때 가끔씩 원하는 부를
마음속에 그려보는 것만으로는 충분치 않다.
가치 있는 성과를 이루기 위해서는
아브라함처럼 풍요로운 생각에 집중할 필요가 있다.
금전적인 한계에 부딪혔을 때도
마음속에 그림을 그려보자.
이것이 증가된 부를 불러오는 비결이다.

Today's Positive Affirmation

오늘의 긍정확언

나는 완전히, 그리고 솔직하게 당신을 용서한다.
나는 당신을 자유롭게 놓아준다.
당신도 이제 완전히, 그리고 솔직하게 나를 용서한다.
당신은 나를 자유롭게 놓아준다.
나와 당신 사이의 모든 부정적인 감정은
지금 이 순간, 앞으로 영원히 지워진다.

Positive Affirmation For Myself

나를 위한 긍정확언

인생을 새로운 것으로 채우길 원한다면

배가 터질 만큼 먹은 뒤에는
새로운 음식이 더 이상 들어갈 수 없습니다.
오래된 것, 필요 없는 것을 없애고 공백을 만들어야
내가 원하는 새로운 것을 채울 수 있습니다.
아주 당연한 진리.
'비워야 채워진다.'

행복한 삶을 위한 '비움의 법칙'의 핵심은
새로운 것들을 위해 낡은 것들을 반드시 비워야 한다는 것입니다.
물이 가득 담긴 컵에 또 한 잔의 물을 채울 수 없습니다.
그 컵에 담긴 물을 비우기 전에는 채울 수가 없습니다.

관계에서도 그렇습니다.
사랑했던 사람을 놓아주지 않고 마음에 담아두는 한,
누구도 그 사람을 대신할 수 없습니다.
진정 그들을 풀어주고 보내는 순간
새로운 가능성이 보일 것입니다.
그 사람을 보내지 않으면
절대로 다른 새로운 원하는 관계를 시작할 수 없습니다.

인생을 새로운 것으로 채우기를 진정으로 원한다면,
그것이 들어올 공간을 만들어놓아야 합니다.
우리가 무엇인가 새로운 것을 받아들이려면
과거의 낡은 것들은 완전히 몰아내야 합니다.

자연은 진공상태를 싫어하기 때문에
빈 공간에 내가 원하는 상태로 채워주지 않으면
다른 원하지 않는 것으로 채워질 수 있습니다.

그래서 내가 가진 오래된 습관을 제거했다면,
의식적으로 새로운 좋은 습관을 채워주지 않으면
다른 더 나쁜 습관이 그 공간을 대신 채울 수 있습니다.

과거를 보내야 새로운 공간이 생기고 새로운 것으로 채워집니다.
오래된 것, 필요 없는 것을 없애고 공백을 만들어보세요.
그 빈 공간 안을 새롭고 내가 원하는 설레는 것으로 채우세요.

Today's Positive Affirmation

나는 비움의 법칙을 실천하는 사람이다.

나는 과거의 부정적인 습관도 잘 보내는 사람이다.

나는 나의 하루를 좋은 습관으로 채워 나간다.

나는 버리기를 실천한다.

나는 추억의 물건과 함께 과거를 정리한다.

Positive Affirmation For Myself

나를 위한 긍정확언

나를 위한 또 다른 사랑

'용서'는 불쾌하고 찜찜한 일이 아니다.
나를 위한 '사랑'이다.

나 자신을 '사랑'하기에
나는 기꺼이 용서를 '선택'하는 것이다.

용기를 가지고 용서를 선택한 당신!
자유롭게 훨훨 날아갈 준비가 되었는가?

그 대답이 YES!라면 크게 외치자.
나는 자유롭게 앞으로 나아간다!

나는 기꺼이 용서한다.

나 자신을 진심으로 사랑한다.

나는 용서를 기꺼이 선택하는 적극적인 사람이다.

나는 빈 공간을 새롭고 설레는 것으로 채운다.

훨훨! 나는 자유롭게 앞으로 나아간다!

Positive Affirmation For Myself

나를 위한 긍정확언

5장

Fear

두려움 타파하기

자꾸, 두려움으로 나아가지 못할 때

Do it afraid

두려워하는 것은 괜찮다.
그러나 그 두려움이 당신을 멋지고 훌륭한 것들을
이룰 수 없도록 하는 것은 괜찮지 않다.

— 루시 맥도널드 (Lucy MacDonald, 카운슬러)

당신이 두려움을 느끼고 있다면
당신은 안전지대 밖에 있다는 표시다.

내 삶의 변화를 꿈꾸고 내 삶이 더 성장하기를 바라면서도
안전지대 밖에 있는 느낌이 불편할 수 있다.
다시 예전 보통의 삶으로 돌아가고 싶을 수도 있다.
충분히 멋지고 훌륭한 일을 해낼 수 있음에도
그 '안전'의 느낌이 그것을 이룰 수 없도록
당신을 꽉 붙잡고 놓아주지 않으려 할 것이다.
두려움이 몰려올 때마다 이 문장을 떠올려보라.

"DO IT AFRAID!
두려워하는 그것을 하라!"

오늘 당신은 어떤 두려움을 마주하고 있는가?
바로 그것을 하라!

나는 안전지대를 기꺼이 나온다!
나는 불편한 느낌을 즐긴다!
나는 두려운 것을 하는 사람이다!
나는 내가 변화되는 과정을 즐기고 있다!
나는 충분히 멋지고 훌륭한 일을 해낼 사람이다!

세계 최고의 낙관주의자가 되는 방법

But(하지만)

매사에 부정적인 토를 달지 마라.

남까지 우울하게 만드는 '악의 축'이 된다.

'그리고'로 바꾸어서 이야기하라.

Cannot(못해, 할 수 없어)

가능성보다 불가능을 먼저 보는 당신, 정말로 안 된다.

Difficult(어려워)

어려운 일이라 생각하지 말고

도전 의욕을 자극하는 흥미진진한 일이라 생각하라.

도전은 기회의 다른 얼굴이 아닌가.

위의 세 단어를

인생에서 아예 삭제해버려라.

그러면 당신은 저절로 낙천적이고

긍정적인 사람이 될 것이다.

'성공'은

낙천적이고 긍정적인 사람에게

삶이 주는 선물이다.

이것이 진수 테리가 전하는

세계 최고의

낙관주의자가 되는 방법이다.

나는 언제나 가능성을 보는 사람이다.
나는 도전을 즐기는 사람이다.
나는 기꺼이 변화하고, 기꺼이 성장한다.
나는 매일 긍정적으로 변화하고 있다.
나는 매일매일 점점 더 강해지고 있다.

Positive Affirmation For Myself

나를 위한 긍정확언

Just Do It!

행동하기 전에 너무 많은 생각을 하지 마라.
그사이 불쑥 '두려움'이란 녀석이 들어와 소심하고 주저하게 만든다.

엉덩이를 털고 일어나 그냥 해보라. 안 되면 어떤가?
다시 하면 된다. Just 그냥 해보는 거다.

'두려움'은 좋은 사인(sign)이다.
내 인생의 주인공으로 나아갈 '용기'를 냈다는 SIGN!

Just Do It!

Today's Positive Affirmation

오늘의 긍정확언

나는 용기 있게 행동한다.
나는 5초 안에 엉덩이를 털고 일어나 행동한다. 5, 4, 3, 2, 1!
안 되면 어떤가?
다시 하면 된다!
나는 내 인생의 주인공으로 나아간다.

Positive Affirmation For Myself

나를 위한 긍정확언

큰 일을 맡기기 위한 테스트

하늘이 장차 그 사람에게
큰 일을 맡기려고 하면,
반드시 먼저 그 마음과 뜻을 괴롭게 하고,
근육과 뼈를 깎는 고통을 주고,
몸을 굶주리게 하고,
그 생활은 빈곤에 빠뜨리고,
하는 일마다 어지럽게 한다.

그 이유는 마음을 흔들어
참을성을 기르게 하기 위함이며,
지금까지 할 수 없었던 일을
할 수 있게 하기 위함이다.

— 《맹자》 '고자장(告子章)' 중에서

두려워도 행동하겠다!
불편해도 행동하겠다!
힘들어도 행동하겠다!
나는 어메이징한 인생을 살아갈 사람이다.
나는 내 안의 그릇을 넓히고 있다.

역경, 들어라!

만약 힘든 고비에 부딪히게 되면
고개를 높이 들고 정면을 바라보며 이렇게 말하라.

"역경, 나는 너보다 강하다!
너는 결코 나를 이길 수 없다!"

— 앤 랜더스 (Ann Landers, 칼럼니스트)

역경, 나는 너보다 강하다.
너는 결코 나를 이길 수 없다.
야! 내가 누군지 알아?
나 _____ 야! (자신의 이름)
나는 어떤 어려움도 이겨내는 강한 사람이야!

.... Positive Affirmation For Myself

나를 위한 긍정확언

삭제하고, 바꾸고, 기억하라

내 인생에서 삭제하라!
"~~나는 그거 못해.~~"
"~~내가 그걸 어떻게 해.~~"
"~~그때 내가 했었다면…….~~"

그리고 바꿔라!
저 사람도 했고,
이 사람도 했는데,
당신은 왜 못 하는가?

이 사실을 기억하라!
당신은 당신이 믿는 것보다
더 용감하고,
겉으로 보이는 것보다
더 강하고,
당신이 생각하는 것보다
더 똑똑하다.

저 사람도 했고, 이 사람도 했는데, 내가 왜 못 해?
저 사람이 할 수 있다면 나도 할 수 있다!
나는 용감하다!
나는 강하다!
나는 똑똑하다!

내 등에 짐이 없었다면

내 등에 짐이 없었다면 나는 세상을 바로 살지 못했을 것입니다.
내 등에 짐 때문에 늘 조심하면서 바르고 성실하게 살아왔습니다.
이제 보니 내 등의 짐은 나를 바르게 살도록 한 귀한 선물이었습니다.

내 등에 짐이 없었다면 나는 사랑을 몰랐을 것입니다.
내 등에 있는 짐의 무게로 남의 고통을 느꼈고,
이를 통해 사랑과 용서도 알았습니다.
이제 보니 내 등의 짐은 나에게 사랑을 가르쳐준 귀한 선물이었습니다.

내 등에 짐이 없었다면 나는 아직 미숙하게 살고 있을 것입니다.
내 등에 있는 짐의 무게가 내 삶의 무게가 되어 그것을 감당하게 하였습니다.

물살이 센 냇물을 건널 때는 등에 짐이 있어야 물에 휩쓸리지 않고,
화물차가 언덕을 오를 때는 짐을 실어야 헛바퀴가 돌지 않듯이
내 등의 짐이 나를 불의와 안일의 물결에 휩쓸리지 않게 했으며,
삶의 고개 하나 하나를 잘 넘게 하였습니다.
모든 짐들이 내 삶을 감당하는 힘이 되어 오늘도 최선의 삶을 살게 합니다.

모든 것에는 다 이유가 있다.
나는 모든 경험에서 배울 점을 찾는다.
나는 매일 배우고 발전한다.
나는 내 인생을 100퍼센트 책임진다.
나는 오늘도 최선의 삶을 산다.

Positive Affirmation For Myself

나를 위한 긍정확언

나는 할 수 있다

"나의 가는 길을 오직 그가 아시나니
그가 나를 단련하신 후에는 정금같이 나오리라."

— <욥기> 23:10

야생마가 명마(名馬)가 되기 위해서는 연단의 시간이 필요하다.
그 연단의 시간은 고통 없이는 지나가지 않는다.
그 고통을 성장을 위한 당연한 과정으로 여기느냐,
힘들기만 한 고통으로 생각하느냐는 결국 나의 선택이다.
꿈과 확신이 강하면 어려움도 극복할 수 있다.
"나는 안 돼, 틀렸어!"는 휴지통에 버려라!
"나는 잘될 거야. 자신 있어!"
"나는 뭐든지 해낼 수 있어!"
외쳐라! 가능한 크게!

나는 된다, 된다, 잘된다!
이 시간은 명마가 되고 있는 과정이다.
그 사람도 했는데 나는 당연히 할 수 있다.
이런 일을 겪다니, 얼마나 큰 사람이 되려고!
결국 나는 다 잘될 것이다.

6장

Hope

희망 가지기

다시, 희망을 품고 싶을 때

우리를 행복하고 성공하게 하려는 음모

역피해의식(inverse paranoid)이란,
세상이 자신에게 좋은 일을 하려고 음모를 꾸미고 있다고 믿는 것이다.
어떠한 상처와 힘든 상황을 경험하더라도 그 모든 사건들은
자신의 성장과 성공을 돕기 위해, 깨달음과 교훈을 주기 위해
'하늘이 준 선물'이라고 생각하는 것이다.

억만장자인 클레멘트 스톤은
'역피해의식'을 실천한 사람으로 유명하다.
이것은 높은 성과를 올리는 사람들의 공통된 특징이기도 하다.

이들은 '왜 하필 나에게 이런 일이 일어난 거야?'라는
피해의식에 사로잡히지 않는다. 분명히 이 사건이 일어난 이유가 있으며,
내가 되고자 하는 사람이 되기 위해 겪어야 할 레슨이라고 생각한다.
내가 어떻게 바라보느냐에 따라 모든 상황이 바뀐다.
그 사건을 통해 내가 배워야 할 교훈을 찾았다면 외쳐라!

"PASS!!"

그리고 나에게 외쳐주자!
"오늘은 분명 멋진 일이 일어날 거야!"
하루 종일 '곧 무언가 멋진 일이 생길 거야!'라고 믿으며 살아가자!
모든 일이 우리를 행복하고 성공하게 하려는 음모라고 100퍼센트 확신한다면,
삶이 얼마나 긍정적이고 낙관적이며 즐거울지 상상해보라!

오늘은 분명 멋진 일이 일어날 거야!

이 세상의 모든 것은 나의 성장을 돕기 위해 만들어졌다.

나는 모든 일에서 교훈을 찾는다.

지금 나는 '하늘이 준 선물'을 깨닫고 있다.

내가 겪는 모든 것은 나를 성장시키고 더 잘되게 하기 위해 존재한다.

Positive Affirmation For Myself

나를 위한 긍정확언

Day **42**   세상은 나를 위해 좋은 일을 계획하고 있다

세상은 나를 위해 좋은 일을 계획하고 있다.
모든 부정적인 사건은 그 안에 그것과 동등하거나
아니면 더 유리함의 씨앗을 품고 있다.
나를 힘들게 하는 일이 있다면, 그 일이 일어난 이유가 분명 있다는 것을 믿어라.
세상은 내게 좋은 것을 주려 한다.
"어서 빨리 그것을 보고 싶다"고 외치며 기대하라.
그리고 그것을 발견했을 때 주저하지 말고 행동하라.

세상은 나를 위해 좋은 일을 계획하고 있다.
그 일이 일어난 이유는 내가 더 잘되기 위함이다.
세상은 내게 좋은 것을 주려 한다.
나는 성공한다.
이미 좋은 것을 받았다. 감사합니다.

가장 좋은 것은 아직 오지 않았다

매일 밤 잠자리에 들기 전, 아래의 문장들을 완성해보자.

"나는 ~ 때문에 감사하다."

"오늘 나는 ~들을 성취했다."

당신은 축복받은 사람임을 기억하라.

가장 좋은 것은 아직 오지 않았다!

지금 성큼성큼 다가오고 있는 중이라는 것을 확신하라!

Today's Positive Affirmation
오늘의 긍정확언

나는 살아 있음에 감사하다.
오늘 하루도 감사하다.
나는 축복받은 사람이다.
가장 좋은 것은 아직 오지 않았다.
모든 좋은 것들이 나에게 오고 있다.

Positive Affirmation For Myself
나를 위한 긍정확언

22일

오늘은 22일, 행운의 날! 22는 나에게 행운의 숫자입니다.

그래서 21일 12시 땡! 치면 심장이 바운스 바운스 합니다.

오늘은 어떤 행운이 올까?

그런데 신기한 것은

22일마다 정말 생각지도 못했던 행운들이 생겼다는 것입니다.

휴대폰에서 2시 22분을 우연히 보는 날도 설렙니다.

'오! 오늘은 또 어떤 행운이 올까?'

신기한 것은 그날도 행운의 일들이 생겼다는 겁니다.

제가 행운이라 믿으며 '행운'을 찾았기 때문일까요?

아니면 그냥 '우연'이었을까요?

내가 매일을 행운의 날이라고 생각한다면

나의 매일은 어떤 날이 될까요?

오늘은 또 행운이 있을까요?

오늘은 왠지 나에게 큰 행운이 있을 것 같다.
오늘은 또 어떤 행운이 있을까?
오늘은 뜻밖의 행운이 가득한 날이다.
오늘은 정말 행운이 가득한 날이었어.
나는 행운아다.

Positive Affirmation For Myself

나를 위한 긍정확언

꿈을 가진 이가 더 아름답다

노래를 잘 부르는 사람보다
노래를 잘할 수 있다는 꿈을 가진 이가 더 아름답습니다.

지금 공부를 잘하는 사람보다
공부를 더 잘할 수 있다는 꿈을 간직한 이가 더 아름답습니다.

숱한 역경 속에서 아름다운 삶을 꽃피우는 사람들은
한결같이 원대한 꿈을 가졌습니다.

암울의 시대에 문지기를 자청했던 김구 선생도
대한민국의 독립을 꿈꾸었습니다.

젊고 나약하기만 했던 간디도
인도 독립의 꿈을 버리지 않았습니다.

두 귀가 먼 절망의 늪에서도
베토벤은 위대한 교향곡을 꿈꾸었습니다.

꿈이 있는 사람은 아름답습니다.

돈을 많이 가진 사람보다
돈을 많이 벌 수 있다는 꿈을 가진 이가 더 행복합니다.

글을 잘 쓰는 작가보다도 글을 잘 쓸 수 있다는
꿈을 안고 사는 이가 더 아름답습니다.

꿈은 인간의 생각을 평범한 것들 위로
끌어올려 주는 날개입니다.

내일에 대한 꿈이 있으면
오늘의 좌절과 절망은
아무런 문제가 되지 않습니다.

꿈을 가진 사람이 아름다운 것은
자신의 삶을
긍정적으로 바라보기 때문입니다.

인생의 비극은
꿈을 실현하지 못한 것에 있는 것이 아니라
실현하고자 하는 꿈이 없다는 데 있습니다.

절망과 고독이 자신을 에워쌀지라도
원대한 꿈을 포기하지 않는다면
인생은 아름답습니다.

꿈은 막연한 바람이 아니라
자신의 무한한 노력을 담은 그릇입니다.

나는 내가 꿈꾸는 모든 것을 이룰 수 있다.

나는 매 순간 꿈을 크게 그린다.

내 삶은 오늘도 꿈의 방향으로 좀 더 나아가고 있다.

내가 꿈꾸는 미래는 현실이 된다.

내 꿈이 멋지게 이루어졌다.

선택

"당신은 가능성을 갖고 태어났다.
당신은 선과 믿음을 갖고 태어났다. 당신은 이상과 꿈을 갖고 태어났다.
당신은 위대함을 갖고 태어났다. 당신은 날개를 달고 태어났다.
당신은 기어 다니도록 의도되지 않았으니 기어 다니지 말라.
당신은 날개를 가졌다. 날개를 사용해 날아다니는 법을 배워라."

13세기에 루미(Rumi)가 지은 시다.
만약 루미가 무한의 소극적 측면에서 시를 지었다면
아마도 이 시는 이렇게 전개될 것이다.

"당신은 자연의 우연한 사고.
당신은 행운과 우연의 법칙에 의존한다.
당신은 이리저리로 쉽게 밀려다닐 수 있다.
당신의 꿈은 의미가 없다.
당신은 평범한 삶을 살도록 의도되었다.
당신에겐 날개가 없다.
그러니 나는 것은 잊고 땅에서 살아야 한다."

선택은 당신의 것이다!

나는 가능성을 갖고 태어났다.

나는 선과 믿음을 갖고 태어났다.

나는 이상과 꿈을 갖고 태어났다.

나는 위대함을 갖고 태어났다.

나는 날개를 달고 태어났다. 나는 날아오른다.

Positive Affirmation For Myself

나를 위한 긍정확언

확고한 내 마음속 끝그림

'이렇게 되고 싶다'가 아니라 '그렇게 되었다'고 생각하고,
미래의 자신이 현재의 자신을 끌어주도록 하라.

내 안에는 놀라운 가능성과 열정이 넘쳐난다.

나는 모든 좋은 것을 누릴 자격이 있다.

나는 풍요를 누릴 자격이 있다.

나는 그 꿈을 사랑과 기쁨으로 채우고 물들이는 사람이다.

나는 나를 둘러싼 세상 모든 것이 더할 나위 없이 좋다.

내 안에 만능기계 있다

잠재의식은 만능기계와 같아서
무엇이든 시키면 할 수 있다.
그 만능기계를 운전하는 사람은 나의 의식이다.
그래서 내가 잠재의식을 제대로 이해하고 활용할 수 있다면
나의 운명을 좌우할 수 있는 것이다.

내 안에 무한한 만능기계가 있다는 사실만으로도 든든하지 않은가?
오랫동안 사용하지 않았더라도 그 사용법을 알고 작동시킨다면
가동되기 시작한다는 사실 자체가 어메이징하다!

내 안에 있는 만능기계가 사용되길 기다리다가 그대로 녹슬게 둘 텐가.
아니면 최대한 그 기계를 반짝반짝 닦아주고 잘 사용해서
내 운명도 뜨겁게 빛나게 할 텐가.

나의 선택에 따라 모든 것이 바뀐다.
그 선택권이 있는 인간이라는 존재로
태어났다는 사실만으로도 참 감사하다.

당신의 내부에는 엄청난 힘이 숨겨져 있다.
그 잠자는 거인을 깨우는 것은 내 부모도 아닌, 내 자식도 아닌,
내 배우자도 아닌, 오직 당신 자신이다.
나만큼 나를 잘 아는 사람은 이 세상에 없기 때문이다.

단 하나의 어메이징한 삶을 향해
담대하게 나아가는 하루가 되길.

· Today's Positive Affirmation ·

오늘의 긍정확언

나의 내부에는 엄청난 힘이 숨겨져 있다.

나는 무한한 가능성을 지닌 인간으로 태어남에 감사하다.

나의 선택에 따라 모든 것이 바뀐다.

나는 내 안에 잠든 거인을 깨운다.

내 운명은 반짝반짝 빛난다.

· Positive Affirmation For Myself ·

나를 위한 긍정확언

7장

Wish

소원 이루기

간절한, 소원을 이루고 싶을 때

세 가지 소원

요술램프 속 지니가 나와
"당신의 어떤 소원이든 들어드리겠습니다!
인생에서 이루고 싶은
단 세 가지 소원이 무엇입니까?"
라고 물어본다면 당신은 무엇을 말하겠는가?

진정으로
당신이 원하는 세 가지는 무엇인가?
당신이 가장 행복을 느끼는 순간을 떠올려보자.
긴장을 풀고, 눈을 감고,
마음의 소리를 고요히 들어보자.

나는 행복을 누릴 자격이 있는 사람이다.

나는 기쁨, 풍요, 행복만을 끌어당긴다.

나는 있는 그대로 완벽한 사람이다.

나는 나 스스로를 완전히 믿고 오늘도 지지한다.

나는 어떤 상황에 처해 있더라도 괜찮다.

Positive Affirmation For Myself

나를 위한 긍정확언

답을 찾아가는 법

당신이 문제에 초점을 맞춘다면 당신은 절대로 그 답을 찾을 수 없을 것이다.
대신 당신이 정말 원하는 것에 대해서
온 마음을 다해 생각하다 보면 답이 나타날 것이다.
당신의 내면으로부터 답을 볼 수 있고,
아니면 뜻밖에 생각지도 못한 사람으로부터 답을 얻을 수도 있다.

— 밥 프록터 (Bob Proctor, 나폴레온 힐의 철학 계승자)

You will never find the ANSWER if you only focus on the problem.
As you REALLY think, you will find the ANSWER.

나는 문제 속에서 언제나 해결점을 찾는 사람이다.
나는 내 안에서 답을 찾는 사람이다.
나는 나의 직관을 믿는다.
나는 마음의 소리를 따른다.
나는 답을 찾으면 즉시 행동한다.

쉽게 기도하라

소원을 이루고 싶을 때는 '어떻게 하면 좋을까' 하고 이것저것 궁리하고 신경 써서는 안 됩니다. 반대 경우를 예상해도 안 되며, 의지의 힘을 사용해도 안 됩니다. 의식하는 마음의 지성을 사용해도 안 됩니다. 아이들처럼 무작정 온전히 믿어야 합니다.

어느 집에 난방이 고장 나 수리비로 200달러가 청구되었습니다. 그 집의 주인은 "어디가 고장입니까?" 하고 물었습니다. 수리공은 "볼트 하나가 고장 났습니다" 하고 말했습니다.

"겨우 볼트 하나에 200달러라니 너무 비싸지 않소?" 집 주인이 말하니 수리공은 이렇게 답했습니다. "나는 볼트 값으로 5센트를 청구했습니다. 그 나머지 199달러 95센트는 어디가 고장인지를 발견하기 위한 비용입니다."

당신의 잠재의식은 이 보일러 숙련공 이상으로 육체의 모든 기관의 나쁜 곳을 찾아내고 고치는 방법과 수단을 알고 있습니다. 당신은 숙련공을 향해 고장 난 곳을 자세히 말할 필요도 없고, 고치는 방법에 관해 이것저것 마음 쓸 필요도 없습니다. 당신은 최고의 숙련공을 데리고 있는 것과 같습니다.

최후의 결과를 확인하는 것으로 충분합니다. 중요한 것은 편안한 자세를 갖는 것입니다. 숙련된 수리공이라도 집주인에게 도중에 이것저것 지시를 받거나 잔소리를 듣는다면 일하기가 힘들 것입니다. 잠재의식도 세세한 일이나 수단을 걱정하게 되면 제대로 활동할 수가 없습니다.

당신의 문제가 무엇이든지 간에 그 문제가 원만히 종결된 것을 실감하세요.
이것이 잠재의식에 완전히 맡긴 증거입니다.
느끼는 것, 당신의 소망이 달성된 상태에 있다고 지금 느끼십시오.
마음을 편안하고 태평하게 가지십시오.

나는 잘 해낼 것이라 믿는다. 결국엔 다 잘된다.
나는 나 자신을 믿는다.
나는 나 자신을 신뢰한다. 그리고 내 삶도 신뢰한다.
이제 나의 눈에는 모든 것이 분명하고 또렷이 보인다.
내면의 지혜가 언제나 나를 가장 좋은 길로 인도한다.

Positive Affirmation For Myself
나를 위한 긍정확언

믿음대로 된다

일본 교세라 그룹의 이나모리 가즈오 회장은
직원이 100여 명 정도였을 때부터
큰소리를 쳤다.

"이 회사를 반드시 세계 제일의 회사로 만들겠다!"

그는 하루하루 혼신의 힘을 다해서
충실히 살았다. 그리고 해냈다.

모든 것은 내 마음속에서 확고히 본 대로 이루어진다.

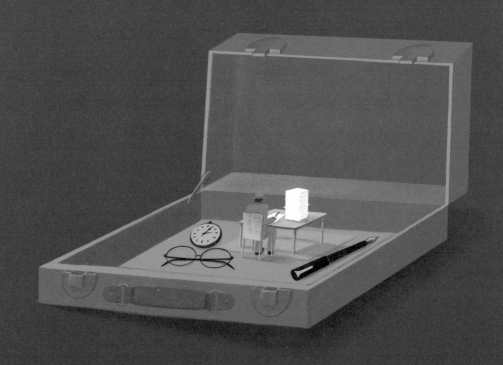

나는 말한 대로 행하는 사람이다.
나는 말한 대로 이루는 사람이다.
나는 매일의 '점'들이 모여 인생 '걸작'을 만들어낼 것이라 믿는다.
나는 매일 즐겁게 몰입한다.
모든 것은 내 마음속에서 확고히 본 대로 이루어진다.

Positive Affirmation For Myself

나를 위한 긍정확언

코이의 법칙

관상어 중에 '코이'라는 잉어가 있다. 이 녀석은 작은 어항에 넣어두면 5~8센티
미터밖에 자라지 않지만, 커다란 수족관이나 연못에 넣어두면 15~25센티미터까
지, 그리고 강물에 방류하면 90~120센티미터까지 자란다고 한다. 같은 물고기
인데도 어항에서 기르면 피라미가 되고, 강물에 놓아 기르면 대어가 되는 신기
한 물고기다. 이를 두고 '코이의 법칙'이라고 한다.

물고기도 노는 물에 따라 크기가 달라지듯이 사람들 또한 환경의 지배를 받으며
살아간다. 본래 사람들은 누구나 100퍼센트의 능력을 가지고 있지만, 처한 환경
으로 인해 10퍼센트의 능력도 발휘해보지 못한 채 생을 마감하는 사람들도 있다.

"세상은 능력의 50퍼센트를 쏟아 붓는 사람들에게 경의를 표하고, 100퍼센트
를 투여하는 극히 드문 사람들에게 고개를 숙인다." 앤드류 카네기의 말이다. 지
금까지 삶이 만족스럽지 않다면 이젠 주변 환경을 바꿔야 한다. 환경에 따라 미
래가 바뀌기 때문이다.

"큰 숲 사이로 걸어가니 내 키가 더욱 커졌다"라는 말이 있다. 꿈꾸는 사람과 함
께 하면 꿈이 생긴다. 성공하고 싶으면 성공한 사람들과 친구가 되고, 부자가 되
고 싶으면 부자들과 친구가 되어라. 어떤 크기의 꿈을 꾸느냐에 따라 인생도 달
라지게 된다.

나는 100퍼센트 능력을 가진 사람이다.
나는 내 안의 능력을 100퍼센트 끌어낸다.
나는 올인해서 이루어내는 사람이다.
나는 꿈꾸는 사람들과 함께 성장한다.
나는 내 마음속에서 본 대로 이룬다.

Positive Affirmation For Myself

나를 위한 긍정확언

당신이 잠든 사이

밭에 씨앗을 뿌리기 적절한 시기가 있듯이 잠재의식에 '생각'이라는 씨앗을 뿌리기 좋은 때가 있다. 잠자리에 들기 전에 의식적으로 근육을 느슨하게 폈을 때나, 아침에 일어나 눈은 떴지만 의식이 불분명하고 뚜렷하지 않을 때가 그때다.

자신의 생각이나 소원을 그림으로 나타낸 것을 머릿속에 떠올려보라. 의사가 되고 싶은 사람이라면 자신이 의사가 된 모습을, 시험 점수를 잘 받고 싶다면 그 점수를 받고 기뻐하는 자신의 모습을, 부자가 되고 싶은 사람이라면 편안하게 누워 음악을 듣고 있는 자신의 모습을 머릿속에 그려보라. 그리고 그 상상을 "잠재의식에 넘겼어"라고 말하는 것이다.

머릿속에 상상을 떠올리는 시간은 1분이라도 좋고, 익숙해지면 10분 정도라도 좋다. 그렇게 아침저녁으로 반복하라. 이것은 곧 긍정적인 생각과 행복한 기분으로 잠자리에 들고 일어나는 것으로 이어진다. 그리고 잠재의식은 당신이 잠자고 있는 동안 쉬지 않고 당신의 소원을 실현하기 위해 우주를 천천히 움직인다.

잠재의식에 '생각'이라는 씨앗을 뿌리기 가장 적합한 때는 의식하는 마음은 쉬는 상태이고, 근육은 느슨하게 풀린 상태다.

나는 매일 상상 근육을 강화시킨다.

나는 상상한 대로 이루는 사람이다.

나는 매일 아침저녁으로 내가 원하는 것을 상상한다.

나는 긍정적인 생각과 행복한 기분으로 잠자리에 든다.

내가 잠자고 있는 동안에도 내 소원은 이루어지고 있다.

소망을 되풀이하라

소망을 잠재의식에 인식시키기 위해서는
매일매일 되풀이하는 것이 필요하다.

못 박을 때의 일을 생각해보라.
딱딱한 통나무에 제대로 박아 넣기 위해서는 몇 번씩 탁탁 쳐야 한다.
망치로 힘껏 쳐서 단 한 번에 박을 수는 없다.
성급하지 않게 여러 번 반복해서 쳐야 한다.

잠재의식에 당신의 소망을 보내는 것도 마찬가지다.
당신이 집 문제로 고민하고 있다면,
우선 당신이 쾌적하게 살 수 있을 집을 떠올려보라.
교외의 전원주택도 좋고, 고급빌라도 좋다.
자기가 그곳에서 쾌적한 생활을 보내고 있는 모습을 상상하고,
모두가 집 문제로 고생하고 있는데
나는 행복하다는 기분에 젖어야 한다.
그런 후 집 문제는 머리에서 싹 잊어버리고,
눈앞에 놓인 일을 마음 놓고 하면 된다.

그리고 그날 저녁때 혹은 다음 날의 같은 때라도 좋다.
쾌적한 환경의 집에서 살고 있는
자신을 상상하고 감사하는 마음에 잠긴다.
그것을 매일 반복하는 것이다.
그러면 언젠가 마음속에서,
그것이 실현된 것을 실감할 수 있는 순간이 올 것이다.

잠재의식은 한 번 소망을 받아들이면 반드시 실현시켜 준다.
대우주가 당신의 소망을 위해 극히 완만하지만 착실하게 움직여준다.
당신은 반드시 현실의 세계에서, 쾌적한 주택 조건 아래에서,
"나는 정말 행복해"라고 말하고 있을 것이다.

나는 매일 나의 소망을 되풀이한다.

나의 잠재의식은 내가 원하는 것을 이루어주는 만능이다.

나는 항상 침착하다.

나는 쾌적한 환경의 집에서 살고 있음에 감사하다.

"나는 정말 행복해!"

Positive Affirmation For Myself

나를 위한 긍정확언

술술~~

술술 풀린다. 내 인생이 술술 풀린다.
지금 모든 것이 술술 풀린다면 어떤 느낌일까?

잠시 눈을 감고 상상해보라.
그 느낌을 지금 온몸으로 느껴보라.
진짜로 인생이 술술 풀릴 것이다.

내 인생이 술술 풀린다.

술술~ 술술~ 술술~

이제 새로운 시작이다!

모든 좋은 일들이 나에게 펼쳐진다.

언제나 모든 일들이 순조롭다.

Positive Affirmation For Myself

나를 위한 긍정확언

8장

Desire

열정 타오르기

활활, 열정으로 타오르고 싶을 때

준비하지 마라. 시작부터 하라!

불타는 열망을 실현하기 위해
명확한 계획을 세우고 즉시 시작하라.
준비가 됐건 아니건,
계획을 당장 실행에 옮겨라!

— 나폴레온 힐 (Napoleon Hill, 작가이자 세계적인 성공 철학의 거장)

시작하기 위해서,
시작하라!

Today's Positive Affirmation

오늘의 긍정확언

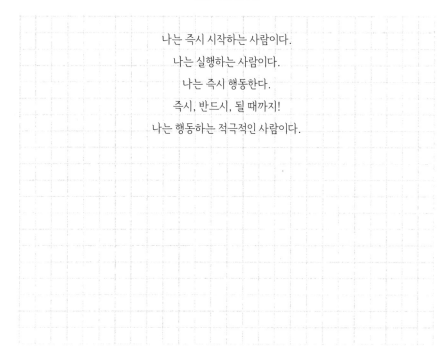

나는 즉시 시작하는 사람이다.
나는 실행하는 사람이다.
나는 즉시 행동한다.
즉시, 반드시, 될 때까지!
나는 행동하는 적극적인 사람이다.

Positive Affirmation For Myself

나를 위한 긍정확언

당신은 충분히 미쳐 있습니까

파브르는 곤충에 미쳐 있었습니다.
포드는 자동차에 미쳐 있었습니다.
에디슨은 전기에 미쳐 있었습니다.
지금 당신은 무엇에 미쳐 있는가를 점검해보십시오.
왜냐하면 당신이 미쳐 있는 그것은
반드시 실현되기 때문입니다.

— 폴 마이어 (Paul Meyer, 사업가)

나는 집중한다.
나는 내가 원하는 것에 몰입한다.
나는 내가 집중한 것을 반드시 이룬다.
나는 충분히 미쳐 있는 사람이다.
자신이 원하는 것에 미쳐 있는 사람은 진정 아름답다.

뜨거운 결심

처음에 마음먹었던 것들이 해이해질 수 있는 때입니다. 하지만 괜찮습니다. 다시 리셋하면 됩니다. 가장 중요한 것은 방향을 잃지 않고 나아가는 것입니다.

내 마음을 풍요롭게 다시 리셋하고 강화시키는 시크릿은 큰 차이에 있지 않습니다. 성공과 실패는 간발의 차이입니다. 매일을 어떻게 시작하느냐에 따라 달라집니다.

전 세계 모든 성공자들의 공통점 중 하나, 그들은 자신만의 모닝 리추얼(Morning Ritual, 아침 의식)을 지키고 있었습니다. 나만의 '새벽 시크릿'을 만들고 나에게 적용시키면, 나 또한 그 사람이 될 수 있습니다.

나 자신을 제한시키는 것은 다름 아닌 '나'입니다. 그 제한을 깼을 때 앞으로 이어지는 확장은 어마어마할 것입니다. 내 안의 가능성을 만나기 위해 나 자신의 의식을 확장시켜 보세요.

모든 것은
당신의 뜨거운 결심에서부터
시작됩니다.

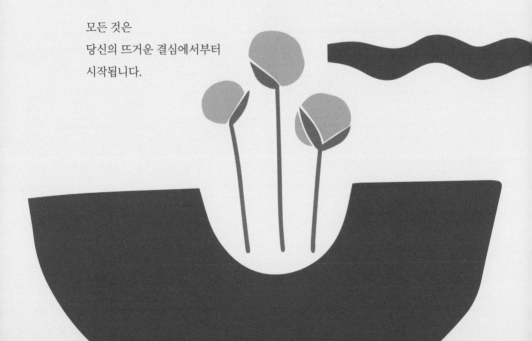

나는 방향을 잃지 않고 매일 나아간다.

나는 매일을 활기차게 시작한다.

나는 새벽 기상을 실천하는 사람이다.

나만의 새벽 시크릿으로 나는 성공한다.

나는 의식을 확장시키고, 의식이 확장되면서 내 수입도 계속 증가한다.

Positive Affirmation For Myself

나를 위한 긍정확언

Day
60

매일의 힘

열심히 노력하다가 갑자기 나태해지고, 잘 참다가 조급해지고,
희망에 부풀었다가 절망에 빠지는 일을 또다시 반복하고 있다.
그래도 계속해서 노력하면 수채화를 더 잘 이해할 수 있겠지.
그게 쉬운 일이었다면, 그 속에서 아무런 즐거움도 얻을 수 없었을 것이다.
그러니 계속해서 그림을 그려야겠다.

— 빈센트 반 고흐 (Vincent van Gogh, 화가)

밀물이 있으면 썰물이 있고,
업이 있으면 다운이 있듯이,
좋았다가 나빠질 때도 있다.

어떤 상황에서도
그럼에도 불구하고
오늘 하루 즐겁게
그림을 그리자.
나만의 그림을.

Carpe Diem! (카르페 디엠!)

나는 현재를 즐긴다.

나는 오늘 하루 즐겁게 그림을 그린다.

나는 어떤 상황에서도 내 마음을 잘 다스린다.

나는 매일의 힘을 믿는다.

Day
61

거봐, 되잖아! 해보는 거야!

"해보지도 않고 '안 된다, 못한다, 어렵다'라고 얘기하는 이들이 있어.
해보지 않으면 어떤 일도 당연히 성공할 수 없는 거야."

— 아산 정주영 회장(1915-2001)

할 수 있다! 할 수 있다! 할 수 있다!
해보자! 해냈다!

오늘의 긍정확언

할 수 있다!

할 수 있다!

할 수 있다!

해보자!

해냈다!

Positive Affirmation For Myself

나를 위한 긍정확언

빛이 나는 사람

진짜 꿈을 가진 사람은 굳이 말하지 않아도
'저 사람은 엄청난 꿈을 간직하고 있는 사람 같아'라는
말을 들을 수 있게 오늘을 살고 있다.
꿈을 가진 사람은 눈빛만 봐도 알 수 있다.

거울을 보자.
지금 당신의 눈빛은 살아 있는가?

나는 엄청난 꿈을 간직하고 있다.
나의 눈빛은 언제나 빛난다.
나는 거울 속 빛나는 내 모습이 좋다.
내 눈은 언제나 살아 있다.
나는 오늘을 빛나게 살고 있다.

내 안의 거인을 깨워라

10퍼센트 큰 것을 목표로 한다는 것은 모든 사람과 경쟁하겠다는 뜻이다.
모두가 10퍼센트 큰 것을 목표로 삼기 때문이다.
10배 큰 것을 목표로 삼는다면 그곳에는 당신뿐이다.

— 피터 디아만디스 (Peter Diamandis, 엑스프라이즈 회장)

10배 큰 목표가 10퍼센트 큰 목표보다 훨씬 더 경쟁률이 낮다.
당신이 마음속에서 확장한 만큼 변화한다.
큰 일을 두려워하지 마라.
평범한 이류에 그치는 것을 두려워하라.
크게 생각하고, 목표를 높게 잡고, 대담하게 행동하라!
크게 생각하고 크게 살아야만
자신의 삶과 일에서
진짜 잠재력을 경험할 수 있다.

대담하게 행동하라!

나는 될 때까지 해낼 사람이다.
나는 크게 생각한다.
나는 충분히 큰 목표를 가지고 있다.
나는 대담하게 행동한다.
나는 삶에서 진짜 잠재력을 경험한다.

Positive Affirmation For Myself
나를 위한 긍정확언

열정의 지표 - 나는 목표와 사랑에 빠져 있는가

불타는 열망 상태에 있으면 마치 목표와 사랑에 빠진 상태와 같다.
그 목표만을 생각하고 느끼기 때문에 그 에너지의 진동 상태에 있게 된다.
나의 에너지 상태는 나의 생각에 따라 달라지기 때문에
내가 그 상태에 살고 있다면, 매 순간 그 목표를 향해 나아가는 과정 자체가
너무나 즐겁고 행복할 것이다. 진정 내가 살아 있음을 느끼기에
내가 사랑하는 일을 하고 있기에 화내는 빈도가 줄어들게 된다.

나 역시 그랬다. 한번 화가 나면 나 자신을 주체하지 못하고
그 화가 나를 삼켜버리게 했던 나는 마인드파워를 공부한 후
조금씩 화내는 빈도가 줄어들었고, 웬만한 일에는 반응하지 않게 되었다.

감정 표현도 더 잘하게 되었다. 말로 마음을 표현하는 것이 어색한 나였다.
'고맙습니다'라는 표현조차 못 하고 말이 없었던 나였다.
하지만 지금은 '사랑합니다', '감사합니다'라는 표현을
격하게 한다. 내가 행복하고 매일매일 진정으로
살아간다는 생각이 들면 감정 표현이
저절로 될 수밖에 없음을 실감한다.

나 자신을 돌아보라.
나는 '사랑한다'는 표현을 자주 하는 사람인가?

아끼지 말자.
가장 가까운 사람들에게 마음껏 표현해보자.
내가 먼저 표현한 만큼 어메이징한 일들이 생기고
매 순간이 행복해질 것이다.

나는 내 목표와 사랑에 빠졌다.
나의 에너지 상태는 내 생각에 따라 달라진다.
나는 내가 사랑하는 목표의 진동 상태 속에 있다.
나는 목표를 향해 나아가는 과정 자체가 즐겁고 행복하다.
나는 가장 가까운 사람들에게 마음껏 내 사랑을 표현한다.

승리한 사람들의 공통점

여기가 끝이고 이 정도면 됐다고 생각할 때
그 사람의 예술 인생은 거기서 끝나는 것이다.

— 강수진 (발레리나)

어떤 어려움에도 아랑곳하지 않고 꿋꿋하게 자신의 길을 걸어가서
결국 위대한 것을 이룬 사람들은 하나같이 미치도록 자신의 일을 사랑했다는
공통점이 있다. 그들은 그냥 뜨뜻미지근하게 사랑한 것이 아니라
정말 땀이 피로 변할 듯 미치도록 자신의 일을 사랑했다.

전설적인 바이올리니스트 아이작 스턴이
한번은 콘서트 후에 중년 여성을 만난 적이 있었다.
그녀가 감동에 복받쳐 소리쳤다.
"당신처럼 연주할 수만 있다면 목숨이라도 바치겠어요!"
그러자 그가 소리 높여 말했다.
"부인, 제가 한 일이 바로 그겁니다!"

인생에서 승리는 100퍼센트 올인한 사람들,
즉 "무슨 일이 있어도 기필코!"라는 태도로
될 때까지 행동하는 사람들에게 돌아간다.
그들은 자신들이 원하는 결과를 얻기 위해
자신들이 갖고 있는 모든 것을 혼신의 힘을 다해 투자했다.

최선을 다하는 사람은
절대 후회하지 않는다.

"무슨 일이 있어도 기필코!"
나는 결국 승리한다!
나는 될 때까지 행동한다!
기적은 행동하는 사람에게 돌아간다.
나는 매 순간 최선을 다한다.

········· Positive Affirmation For Myself ·········
나를 위한 긍정확언

내 운명은 내가 개척한다

나에게는 단호한 의지가 있다. 나는 미래의 비전에 대하여 열정을 가지고 있다. 나는 아침에 눈을 뜰 때마다 새날에 대한 흥분과 성장과 변화의 기회를 생각한다. 내 생각과 행동은 앞으로만 나아갈 뿐, 의심의 깊은 삼림이나 자기연민의 혼탁한 모래밭에 빠져들지 않는다. 나는 미래의 비전을 다른 사람들에게 스스럼없이 알려주고, 그들이 내 눈에서 나의 신념을 보고 나를 따르게 만든다.

나는 밤에 침대에 누울 때면 오늘 하루 나의 길 앞에 놓인 산 같은 장애를 거의 다 치웠다고 생각하며 행복한 피곤감 속에서 잠을 청한다. 내가 잠이 들면 낮 동안에 나를 사로잡았던 꿈이 어둠 속에서 다시 나를 찾아온다.

그렇다. 나에게는 꿈이 있다. 그것은 위대한 꿈이다. 나는 그 꿈을 꼭 잡고 놓치지 않겠다. 만약 내가 그것을 놓친다면 내 인생은 끝장날 것이다. 나의 희망, 나의 열정, 나의 미래 비전은 나의 존재를 지탱하는 힘이다. 일단 꿈을 꾸어야 꿈을 실현시킬 수 있다. 꿈 없는 사람은 성취도 없다.

나에게는 단호한 의지가 있다. 나는 기다리지 않겠다. 이제 나는 단호한 마음으로 결정을 내린다. 나는 두려움이 없다. 나는 이제 앞으로 나아갈 뿐 뒤를 돌아다보지 않는다. 내가 내일로 미루는 일은 결국 모레로 미루어지게 된다.

나는 시간을 끌지 않는다. 내가 갖고 있는 모든 문제는 내가 그것을 직접 대면하는 순간 축소된다. 내가 조심스럽게 엉경퀴를 잡는다면 그 가시가 나를 찌를 것이다. 하지만 있는 힘을 다해 움켜쥔다면 그 가시는 바스러져 먼지가 되고 말 것이다.

나는 기다리지 않겠다.
나는 미래의 비전에 대하여 열정을 가지고 있다.
나의 길은 결정되었다.
내 운명은 내가 개척한다.

— 앤디 앤드루스, 《폰더 씨의 위대한 하루》 중에서

나에게는 단호한 의지가 있다.

나는 미래의 비전에 대하여 열정을 가지고 있다.

나는 아침에 눈을 뜰 때마다 새날에 대한 흥분과 성장과 변화의 기회를 생각한다.

나는 단호한 마음으로 결정을 내린다.

나는 이제 앞으로 나아갈 뿐 뒤를 돌아다보지 않는다.

9장

Gratitude

감사 느끼기

확실한, 감사의 기적을 느끼고 싶을 때

나는 행복한 사람

"걸을 수만 있다면, 더 큰 복은 바라지 않겠습니다."
누군가는 지금 그렇게 기도를 합니다.

"설 수만 있다면, 더 큰 복은 바라지 않겠습니다."
누군가는 지금 그렇게 기도를 합니다.

"들을 수만 있다면, 더 큰 복은 바라지 않겠습니다."
누군가는 지금 그렇게 기도를 합니다.

"말할 수만 있다면, 더 큰 복은 바라지 않겠습니다."
누군가는 지금 그렇게 기도를 합니다.

"볼 수만 있다면, 더 큰 복은 바라지 않겠습니다."
누군가는 지금 그렇게 기도를 합니다.

"살 수만 있다면, 더 큰 복은 바라지 않겠습니다."
누군가는 지금 그렇게 기도를 합니다.

놀랍게도 누군가의 간절한 소원을
나는 다 이루고 살았습니다.

놀랍게도 누군가가 간절히 기다리는 기적이
내게는 날마다 일어나고 있었습니다.

부자가 되지 못해도, 지혜롭지 못해도,
내 삶에 날마다 감사하겠습니다.

날마다 누군가의 소원을 이루고
날마다 기적이 일어나는 나의 하루를,
나의 삶을 사랑하겠습니다.

— '언더우드의 기도 낙서장' 중에서

Today's Positive Affirmation
오늘의 긍정확언

나는 나의 하루를 사랑한다.

나는 나의 삶을 사랑한다.

나는 내 삶에 날마다 감사한다.

나는 일상에서의 기적을 느끼고 감사한다.

나는 _____할 수 있음에 감사한다. (지금 감사한 것을 써보세요.)

Positive Affirmation For Myself

나를 위한 긍정확언

살아 있음에 감사하는 사람과 만나라

살아 있음에 감사하는 사람과 만나라.
온 주위를 따뜻하게 할 것이다.

아무리 작은 일도 소중히 여기는 사람과 만나라.
가슴 따뜻한 일들이 몰려들 것이다.

Today's Positive Affirmation

오늘의 긍정확언

나는 살아 있음에 감사하는 사람과 만난다.
나는 아무리 작은 일도 소중히 여기는 사람과 만난다.
내 주위에는 착한 사람들이 가득하다.
매일 가슴 따뜻한 일들이 나에게 몰려든다.
나에게 더 좋은 것이 오고 있다.

Positive Affirmation For Myself

나를 위한 긍정확언

삶의 신비

인생에서 가장 멋진 일은 모든 일에 감사하는 것이다.
이를 터득한 사람은 산다는 것의 의미를 아는 사람이다.
이런 사람은 삶의 신비를 모두 꿰뚫고 있다.
삶의 신비란 모든 것에 대해 감사하는 일이다.

— 알베르트 슈바이처 (Albert Schweitzer, 의사)

'감사합니다'라는 말에는 오랜 시간 내 안에 켜켜이 쌓여 있던
슬픔, 고통, 어둠의 부정 에너지를 긍정 에너지로 바꾸어주는 힘이 있다.
부정 에너지가 서서히 사라지고 긍정 에너지로 채워지기 시작한다면,
당신은 세상의 모든 좋은 일들을 끌어당기는 파장 안에 있게 될 것이다.

감사합니다. 감사합니다. 감사합니다.
나는 모든 일에 감사한다.
나는 감사할수록 더 감사한 일들을 끌어당긴다.
나는 세상의 모든 좋은 일들을 끌어당긴다.
나는 마음을 열고 모든 풍요와 행운을 받아들인다.

나는 신발이 없다고 울었다

나는 신발이 없다고 울었다.
발이 없는 사람을 만날 때까지…….

— '고대 페르시안 격언' 중에서

무엇과 비교해서 지금 내가 가지지 못한 것에 한탄하고 있는가.
내가 가지고 있는 것을 종이에 써보라. 곧 깨닫게 될 것이다.
내가 가지고 있는 것이 얼마나 많은지를.

하루를 내가 가진 것에 집중하고 감사하며 시작한다면,
하루를 시작하는 에너지는 완전히 바뀔 것이며,
그것은 나의 하루를, 나의 한 달을, 그리고 나의 인생을 바꿀 것이다.

얼마나 슬픈 일인가.
서로 비교하고 질투하고 깎아내리는 것이.
얼마나 안타까운 일인가.
내가 가진 수많은 것들을 바로 앞에 두고 보지 못하는 것이.

행복은 바로 종이 한 장 차이다.
그것은 지금 바로
내가 가지고 있는 것에 대한
감사함에서 시작된다.

모든 것은 오직 당신의 선택으로부터 시작된다.
감사의 에너지로 채우자.

나는 내가 가지고 있는 것이 얼마나 많은지를 매 순간 깨닫는다.

나는 내가 가진 것에 집중하고 감사하며 시작한다.

나는 매일 감사의 에너지로 채운다.

나는 매일 '감사합니다!' 노래를 부른다.

나는 내 신체의 모든 부분에 감사한다.

Positive Affirmation For Myself

나를 위한 긍정확언

Day
71

부의 흐름

나쁜 감정이 스멀스멀 올라오려고 하면
가장 먼저 알아차림이 중요하다.
거기서 내 생각을 자각하고
생각의 주인으로서 그 생각을 멈춰야 한다.
STOP!

"재도 집을 샀는데 왜 나는 집도 없는 거야."
이런 한숨 섞인 말이 올라오려고 하면
그 말을 멈춰라.
STOP!

그리고 아래의 말로 대체하라!
"나는 행복해."
"나는 풍요로워."
"멋진 집을 구했어. 정말 고마운 세상이야."

내가 원하는 흐름대로 흘러가도록
지금 당장 바꿀 수 있다!
상황에 이끌려가는 하수의 생각을 버리고
그 상황을 바꿔버리는 주인이 되자!

미리 감사하는 습관은
부가 당신에게 흘러갈 통로로 작용한다.

"STOP!"
"나는 행복해."
"나는 풍요로워."
"멋진 집을 구했어. 정말 고마운 세상이야."
나는 상황을 바꿔버리는 주인이다!

Positive Affirmation For Myself

나를 위한 긍정확언

이 세상에 내 것은 하나도 없습니다

우리는 매일 세수하고 목욕하고 양치질하고 멋을 내어보는
이 몸뚱이를 '나'라고 착각하면서 살아갑니다.
우리는 살아가면서 이 육신을 위해
돈과 시간, 열정, 정성을 쏟아 붓습니다.

예뻐져라, 멋져져라, 섹시해져라, 날씬해져라,
병들지 마라, 늙지 마라, 제발 죽지 마라……!
하지만 이 몸은 내 의지와 내 간절한 바람과는 전혀 다르게
살찌고, 야위고, 병이 들락거리고, 노쇠화되고, 암에 노출되고,
기억이 점점 상실되고, 언젠가는 죽게 마련입니다.

이 세상에 내 것은 하나도 없습니다.
아내가 내 것인가요?
자녀가 내 것인가요?
친구들이 내 것인가요?
내 몸뚱이도 내 것이 아닐진대
누구를 내 것이라 하고, 어느 것을 내 것이라고 하던가요?
모든 것은 인연으로 만나고 흩어지는 구름인 것을.
미워도 내 인연, 고와도 내 인연.
이 세상에서 누구나 짊어지고 있는 고통인 것을!

피할 수 없으면 껴안아서 내 체온으로 모두 녹입시다.
누가 해도 할 일이라면 내가 하겠습니다.
스스로 나서서 기쁘게 일합시다.
언제 해도 할 일이라면 미적거리지 말고 지금 당장 합시다.
오늘 내 앞에 있는 사람에게 정성을 다 쏟읍시다.

운다고 모든 일이 풀린다면 하루 종일 울겠습니다.
짜증 부려 일이 해결된다면 하루 종일 얼굴 찌푸리겠습니다.
싸워서 모든 일이 잘 풀린다면 누구와도 미친 듯이 싸우겠습니다.

그러나……
이 세상일은 풀려가는 순서가 있고, 순리가 있습니다.
내가 조금 양보한 그 자리, 내가 조금 배려한 그 자리,
내가 조금 낮춰둔 눈높이, 내가 조금 덜 챙긴 그 공간.
이런 여유와 촉촉한 인심이
나보다 더 불우한 이웃은 물론 다른 생명체들의 희망 공간이 됩니다.

나와 인연을 맺은 모든 사람들이 정말 눈물겹도록 고맙습니다.
가만히 생각해보면 이 세상은 정말 고마움과 감사함의 연속입니다.

— 프란치스코 교황

누가 해도 할 일이라면 내가 한다.
나는 스스로 나서서 기쁘게 일한다.
나는 오늘 내 앞에 있는 사람에게 정성을 다 쏟는다.
나와 인연을 맺은 모든 사람들이 눈물겹도록 고맙다.
이 세상은 정말 고마움과 감사함의 연속이다.

Positive Affirmation For Myself

나를 위한 긍정확언

새벽 5시, 3가지 감사하기

감사하는 것도 습관이다.
외부환경에 관계없이 항상 감사하는 마음으로
좋은 것들에만 집중하는 방법을 익혀야 한다.
머리로 아는 것이 아니라 직접 실천해봐야 그 진가를 느낄 수 있다.
몸에 밸 때까지 감사하기를 직접 실천한다면
이것의 대단한 위력에 놀랄 것이다.

'감사하기'는 역사상 위대했던 모든 선구자들이 가르친
삶의 숨겨진 핵심이었다.
'지금 가진 것에 감사하기'가 자연스러워졌을 때,
앞으로 일어날 일에 대해 '미리 감사하기'도 절로 나오게 된다.
처음부터 욕심내지 말고
지금 '내가 가진 것에 대해서 3가지씩 감사하기'를 시작하자.

감사하라, 감사하라, 감사하라.
과거의 아픈 '어둠'이
어느 순간 행복한 '얻음'이
되어 있을 것이다.

'어둠' 덕분에 성장한 나를
칭찬해주어라!
부정적인 바이러스가 걷히고
깨끗한 파이프라인을 통해 전해지는
풍요를 만나게 될 것이다!

나는 매일 감사한 것 3가지 이상을 찾고 적는다.
나는 항상 감사하는 마음으로 좋은 것들에만 집중한다.
나는 감사하고, 감사하고, 또 감사한다.
나는 과거의 아픈 '어둠'을 행복한 '얻음'으로 만든다.
나는 매일 감사하는 나를 칭찬한다.

Thank you 파워!

감사하기는 내게 정말로 대단한 결과를 가져다준 훈련이다. 나는 매일 아침에 일어나면 "고맙습니다"라고 말한다. 매일 아침에 침대에서 일어나 발이 땅에 닿기 전에도 "고맙습니다"라고 말한다. 그러고 나서 고마운 일들을 하나하나 짚어보면서 이를 닦거나 아침에 해야 할 일을 한다. 그렇다고 그 일들을 생각할 때 습관처럼 판에 박은 듯이 하지는 않는다. 가슴속에 숨겨져 있던 것들을 끄집어내서 감사한 마음을 느낀다.

— 제임스 아서 레이 (James Arthur Ray, 코치이자 멘토)

모든 것이 당연해진다면
당신은 어떤 것에도
감사함을 느끼지 못할 것이다.
지금 당신이 가진 것을
예전과 다르게
느끼기 시작하는 순간부터
당신의 에너지는 바뀐다.
고로 더 많은 좋은 일들을
끌어당길 수밖에 없다.

일어나자마자 감사해라.
가진 것들에 감사하라.
당신의 삶은 감사할 일들로
채워질 것이다.

오늘 당신은 무엇에 감사한가?

나는 매일 아침에 일어나면 "고맙습니다"라고 말한다.

매일 아침에 침대에서 일어나 발이 땅에 닿기 전에도 "고맙습니다"라고 말한다.

나는 매일 고마운 일들을 하나하나 짚어본다.

나는 가슴속에 숨겨져 있던 것들을 끄집어내서 감사한 마음을 느낀다.

나의 삶은 감사할 일들로 채워진다.

· Positive Affirmation For Myself ·

나를 위한 긍정확언

신념의 마력

상상으로만 가지고 있는 것들에 대해서 신에게 진심으로 감사할 줄 아는 사람은
진정한 믿음을 가지고 있는 사람으로서 부자가 될 사람이다.

— 월러스 워틀스 (Wallace D. Wattles, 작가)

처음부터 소원이 이루어진 것을 가정하고 미리 감사하면
언제나 감사할 방향으로 일이 진행된다.
일어나지 않은 일에 대해서 미리 감사하는 것은
믿음을 넘어선 확신 상태에 있는 것으로 가장 높은 진동 상태에 있는 것이다.
이 파장 속에 있으면 예전에는 전혀 생각하지 못했던 목표와 관련된
더 많은 아이디어들을 생각해내게 되고,
예전에 보지 못했던 기회, 상황, 사람들이
내 주위에 끌려오는 흥미로운 체험들을 하게 된다.

이렇게 끊임없이 신념과 감사의 상태에 있게 되면
실패할지도 모른다는 두려움이나 의심, 혼란 자체가 들어올 틈이 없다.
그래서 내가 원하는 목표를 향해 나아가는 데 더 큰 힘을 발휘하게 된다.

내가 가지지 못한 것에 초점을 맞추기보다
내가 가진 것에 초점을 맞춰라. 그리고 감사하라.
나아가 내가 가지지 못한 것에 대해서도 믿고 감사하라.
그러면 더욱 그럴 일들만 생길 것이다.

아직 이루어지지 않은 일도 마치 일어난 일처럼 미리 감사한다면
언젠가 꼭 이루어진다.

내가 꿈꿨던 소원이 이루어짐에 감사하다.

나의 마음은 믿음을 넘어선 확신의 진동 상태에 있다.

나는 미리 감사하기 선수다.

나는 내가 가지지 못한 것에 대해서도 믿고 감사한다.

나는 나의 목표와 관련된 기회와 사람들이 끌려옴에 감사한다.

Positive Affirmation For Myself

나를 위한 긍정확언

10장

Love

사랑 하기

뜨겁게, 나를 사랑하고 싶을 때

내가 정말로 나 자신을 사랑하기 시작했을 때

내가 정말로 나 자신을 사랑하기 시작했을 때,
고통이나 괴로움은
단지 나의 진실에 반해서 살지 말라는 경고임을 알 수 있었다.
오늘 나는 그것을 '삶의 진정성'이라고 부른다.

내가 정말로 나 자신을 사랑하기 시작했을 때,
아직 때도 무르익지 않았고
나도 그럴 준비가 안 되었음을 알면서
누군가에게 나의 바람을 강요하는 것이
얼마나 그 사람에게 상처가 되는지를 알게 되었다.
오늘 나는 그것을 '존중'이라고 부른다.

내가 정말로 나 자신을 사랑하기 시작했을 때,
나는 항상 적절한 시간, 적절한 장소에 있었다는 것과
주변에서 일어나는 모든 일이 정당했다는 것을 알게 되었다.
그때부터 나는 마음의 평안을 얻을 수 있었다.
오늘 나는 그것을 '자존'이라고 부른다.

내가 정말로 나 자신을 사랑하기 시작했을 때,
나는 해로운 음식과 인간관계와 사물,
그리고 상황을 가만히 내려놓았다.
그리고 나를 위축시키고
나의 영혼을 소외시키는 모든 것들로부터 자유로워졌다.
오늘 나는 그것을 '자기애'라고 부른다.

내가 정말로 나 자신을 사랑하기 시작했을 때,
나는 바로 지금 이 순간을 느끼며 살기 시작했고
미래를 위해 거창한 계획을 세우는 일을 멈추었다.
나는 오직 나 자신이 선택해서 기쁨과 행복을 주는 것들,

내가 사랑하는 일들을 하며 지금 이 순간을 산다.
오늘 나는 그것을 '단순성'이라고 부른다.

내가 정말로 나 자신을 사랑하기 시작했을 때,
나는 내가 항상 현명하고 옳다는 주장을 멈췄다.
오늘 나는 그것을 '겸손'이라고 부른다.

내가 정말로 나 자신을 사랑하기 시작했을 때,
나는 계속 과거 속에 살면서 미래를 걱정하는 것을 거부했다.
나는 지금 바로 이 순간 생존할 뿐이다.
오늘 나는 그것을 '충만함'이라고 부른다.

내가 정말로 나 자신을 사랑하기 시작했을 때,
내 마음이 나를 상처받게 할 수도, 나를 아프게 할 수 있다는 것도 알았다.
내 마음과 연결되었을 때 나와 내 마음은 서로 동반자가 될 수 있었다.
오늘 나는 이 연결을 '마음의 지혜'라고 부른다.

내가 정말로 나 자신을 사랑하기 시작했을 때,
나는 더 이상 사람들 사이에서 일어나는
논쟁과 대립과 여러 문제에 대해서 두려워하지 않게 되었다.
왜냐하면 별들도 언제나 충돌하며 새로운 세계를 만들고,
그것은 그 순간 가장 적절하게 일어나는 일이라는 것을
알고 있기 때문이다.

지금 나는 그것을 알고 있다.
그것이 온전한 나의 삶이라는 것을.

ㅡ 찰리 채플린, 70세 생일 자작시

나는 나 자신을 사랑한다.

나는 모든 것들로부터 자유롭다.

나는 내가 사랑하는 일들을 하며 지금 이 순간을 산다.

나는 계속 과거 속에 살면서 미래를 걱정하는 것을 거부한다.

나는 오직 나 자신이 선택한 기쁨과 행복에 집중한다.

내 삶에 대한 '사랑'

"나는 오래 살든 힘들게 살든 별 상관없다고 생각해요. 원하면 언제라도 생을 마감할 권리가 나한테 있으니까요. 그래서 나는 언제든 죽을 수 있다는 태도로 열정적으로 살 수 있는 것 같아요."

— 안젤리나 졸리 (Angelina Jolie, 영화배우)

인생은 단 한 번뿐이다. 단 한 번뿐인 내 인생!
정말 멋지고 가슴 충만하게 어메이징하게 살다 가야 하지 않겠는가?
이제 더 이상 내 인생이 그냥 흘러가도록 방치해두지 말자.

이 세상 떠날 때 내 인생을 돌아보며
"그래! 정말 잘 살았다!"
"내 인생 정말 어메이징했어!"
"여한이 없다!"
라고 자신 있게 웃음 지으며 떠날 수 있는 삶!

바로 내일 죽더라도 오늘을 뜨겁고 열정적으로 살아낼 수 있는 삶!
그것이 내 삶에 대한 '존중'이며 '사랑'이다.

"그래! 정말 잘 살았다!"
"내 인생 정말 어메이징했어!"
"여한이 없다!"
나는 오늘을 뜨겁고 열정적으로 산다.
나는 내 삶을 존중하고 사랑한다.

Positive Affirmation For Myself

나를 위한 긍정확언

마법의 법칙

자신이 무엇이 안 되거나 못 되는 것은 그리 걱정할 일이 아닙니다.
어떤 인생에든 'as if'의 법칙은 통하기 때문입니다.

as if, 이것은 '마치 ~인 것처럼' 행동하는 것입니다.
이 법칙은 우리 인생의 아름다운 열매를 따게 해주는 마법의 법칙입니다.

마치 두렵지 않은 것처럼 행동하십시오.
그러면 당신은 필히 용감한 사람이 될 테니까요.

마치 당신이 누군가를 사랑하는 것처럼 행동하십시오.
그러면 당신은 필히 사랑을 발견하게 될 테니까요.

마치 삶이라는 무대의 주인공처럼 행동하십시오.
그로 인해 당신은 삶이라는 무대에서
더 이상 엑스트라가 아닌 주인공으로 우뚝 서게 될 테니까요.

— 박성철,《삶이 나에게 주는 선물》중에서

상황에 이끌려 이리저리 치이며 살아가는 엑스트라의 삶
VS. 그럼에도 불구하고 그 상황 속에서
'자기다움'을 찾고 주체적으로 이끄는 주인공의 삶.

당신은 어떤 삶을 선택하겠는가?
그 선택대로 이루어지는 마법의 법칙을 체험해보라!

나는 나다움을 찾고 주체적으로 이끄는 주인공의 삶을 선택한다.

나는 두렵지 않은 것처럼 행동한다.

나는 용감한 사람이다.

나는 삶이라는 무대의 주인공처럼 행동한다.

나는 주인공으로 우뚝 선다.

Positive Affirmation For Myself

나를 위한 긍정확언

Day 79 깜짝 놀랄 당신의 능력

우리가 무언가를 잘하지 못하는 가장 큰 이유는
우리 스스로가 그것을 어렵다고, 불가능하다고,
또는 그다지 재미없다고 믿기 때문이다.
중요한 것은 능력이 아니다.
성공을 좌우하는 것은 자신의 능력에 대한 자신의 믿음이다.
자신을 제약하는 고집스러운 생각을 버리면
장담컨대 당신은 자신도 깜짝 놀랄 능력을 발휘할 것이다.

— 스탠 비첨 (Stan Beecham, 리더십 컨설턴트)

당신은 자기 자신을 어떤 사람으로 바라보고 있는가?
우리는 스스로 할 수 있다고 믿는 것만 할 수 있다.
당신이 진실이라고 믿는 것은 실제로 진실이 된다.

당신 스스로 가지고 있는 편견을 뜨거운 사랑으로 녹여버려라!
스스로 가진 제한이 깨지는 순간,
깜짝 놀랄 자신을 만나게 될 것이다!

그때 비로소 '자유로워진 나',
한층 성숙한 '자랑스러운 나'를
만나게 될 것이다.

나는 내 능력을 진실로 믿는다.

나는 무엇이든 할 수 있다고 믿는다.

내가 진실이라고 믿는 것은 실제로 진실이 된다.

나는 내가 가지고 있는 나에 대한 편견을 뜨거운 사랑으로 녹여버린다.

나는 내가 가진 제한들을 깨나가며 성숙한 '자랑스러운 나'를 만난다.

Positive Affirmation For Myself

나를 위한 긍정확언

저세상 텐션

'저세상 텐션'에 대한 나만의 재정의.
저세상 텐션은 '사랑의 에너지'다.
저세상 텐션 속에 있으면 어떤 상황도 나를 휘두를 수 없다.
방법은 간단하다.
나 자신을 사랑의 에너지 속에 퐁당 빠뜨리면 된다.
모든 것은 내가 마음먹기에 달렸다.

마인드파워 교육을 진행할수록 저세상 텐션의 사람들을 수없이 만난다. 마인드파워를 공부할수록 사랑으로 채워지니 그 사랑이 넘쳐나 서로에게 주지 못해 안달인 사람들. 서로를 생각하며 바리바리 싸온 선물들과 편지들로 앉을 틈이 없는 교육장. 산타할아버지도 놀라고 가실 광경을 매번 목격한다. 그러고도 다음 날 '나는 내일 뭘 줄까?'를 고민하는 사람들. 이것이 바로 '저세상 텐션'이다. 주는 기쁨을 충만하게 느끼니 당연히 더 좋은 일들이 일어날 수밖에 없다. 돈도 자기가 원하던 것도 들어오기 시작한다. 사랑의 풍요 에너지 속에서 기꺼이 주고자 하기 때문이다. '주어야 받는다'는 진리를 몸소 경험하게 된다.

저세상 텐션 속에
나 자신을 퐁당 빠뜨려보자.
세상이 아름다워질 것이다.

나는 사랑이 넘치는 사람이다.

나는 내 사랑을 표현하는 사람이다.

나는 주는 기쁨을 충만하게 느낀다.

나는 저세상 텐션 속에 있다.

내 삶에는 풍요의 에너지가 흐르고, 나는 그 에너지의 흐름에 따라 행동한다.

Positive Affirmation For Myself

나를 위한 긍정확언

자비와 친절의 첫 번째 수혜자

사람들은 자비가 다른 사람을 위한 것이라고 생각한다.
하지만 그것은 틀린 생각이다.
친절한 행동이 다른 사람들에게 반드시 좋은 결과를 가져다주는 것은 아니다.
그러나 다른 사람에게 전해지는 결과가 어떠하든
자비의 첫 번째 수혜자는 우리 자신이다.

— 달라이 라마 (Dalai Lama, 티베트의 정신적 지도자이자 승려)

남을 돕는 과정에서 일어나는 긍정적인 몸과 마음의 변화를 '헬퍼스 하이'(Helper's high)라고 한다. 도우면서 느끼는 저세상 텐션인 것이다. 남을 도우면 기분이 좋아지고, 긍정 에너지가 높아져 다른 이들과의 관계까지 좋아진다. 그러면 다시 헬퍼스 하이를 경험하기 위해 남을 돕는 행위를 또 반복하는 선순환이 이루어진다.

주는 기쁨을 가슴 뜨겁게 느껴보라!
당신의 삶이 더욱 충만해질 것이다!

나는 '헬퍼스 하이'(Helper's high)를 느낀다.

나는 남을 도우면서 긍정 에너지가 점점 높아진다.

나는 주는 기쁨을 가슴 뜨겁게 느낀다.

매일 나의 삶이 더욱 충만해진다.

나에게는 더 큰 풍요가 몰려온다.

사랑은 나눌수록 커진다

아름다운 머리카락을 갖고 싶으면,
하루에 한 번 어린이가 손가락으로 너의 머리를 쓰다듬게 하라.

아름다운 자세를 갖고 싶으면,
너 자신이 결코 혼자 걷고 있지 않음을 명심하면서 걸어라.

사람들은 상처로부터 복구되어져야 하며,
낡은 것으로부터 새로워져야 하고,
병으로부터 회복되어야 하고,
무지함으로부터 교화되어야 하며,
고통으로부터 구원받고 또 구원받아야 한다.
결코 누구도 버려서는 안 된다.

기억하라!
만약 내가 도움을 주는 손이 필요하다면
너의 팔 끝에 있는 손을 이용하면 된다.

내가 더 나이가 들면
손이 두 개라는 것을 발견하게 될 것이다.

한 손은 너 자신을 돕는 손이고,
다른 한 손은 다른 사람을 돕는 손이다.

— 오드리 헵번 (Audrey Hepburn, 영화배우)

나는 사랑을 나누고, 나눌수록 더 커진다.
나는 아름다운 머리카락을 가지고 있다.
나의 자세는 아름답다.
나는 도움이 필요한 곳에 따뜻한 손을 내민다.
내 삶은 놀랍고 근사한 일들로 가득하다.

Positive Affirmation For Myself

나를 위한 긍정확언

어둠의 딸, 태양 앞에 서다

바다 앞, 가슴을 활짝 뻗은 내 등뒤로 뜨거운 태양이 나를 비춘다. 다시는 어둠 속으로 돌아가지 않으리. 다시는 분노와 슬픔에 차서 뒤돌아보지 않으리.

애초에 나는 어둠의 자식으로 태어났다고 생각했다. 나는 평생 빛 한번 보지 못하고 칠흑같이 어두운 동굴 속에서만 살아갈 존재라고 생각했다. 언제나 분노와 불만이 가득했고, 내가 이렇게 사는 것은 어둠의 자식으로 태어났기 때문이라고 변명하며 더 깊은 어둠의 동굴 속에서 정처 없이 방황했다.

그러던 어느 날 한줄기 빛을 따라 어둠의 터널을 지나는 동안 나는 많이 깨지고, 다치고, 다시 일어나고, 떨어지기를 반복하며, 더욱 다져지고 강인해졌다. 그리고 드디어 그 동굴을 기어 나오니 뜨거운 태양이 나를 맞이한다.

나는 비로소 깨달았다. 나는 태양의 딸로 태어난 존재였음을. 어둠의 동굴 속을 방황하며 처절하게 아파했던 시간이 있었기에 나는 이 땅에 있는 수많은 어둠의 딸들과 어둠의 아들들에게 꼭 말해주고 싶다. 우리는 어둠의 자식이 아니라 이미 완전한 사랑의 존재임을 기억하라고.

나는 앞으로 이 세상 끝날 때까지 그 어둠의 딸들이 온전한 모습으로 태양 앞에 당당히 설 수 있도록 빛을 비추어주고 손을 잡아주고 싶다. 그랬기에 그 어둠의 동굴을 내가 먼저 걸어 나온 것이리라. 그것이 나의 소명이고, 내가 존재하는 이유다. 그것이 바로 사랑이다.

나는 태양의 딸로 태어났다.
나는 부정적인 기억도 긍정으로 바꾸는 사람이다.
나는 가슴을 활짝 뻗고 모든 태양의 에너지를 받는다.
나는 사랑이다.
나는 완전한 사랑의 존재임을 매 순간 기억한다.

Positive Affirmation For Myself

나를 위한 긍정확언

11장

Happiness

행복 해지기

지금, 행복해지고 싶을 때

'오늘' 행복하다

우리는 매일 선택을 하며 살아간다.
하루로 보면 몇 시에 일어날지, 오늘 무엇을 할지, 또 무엇을 먹을지,
누구를 만날지 등 수많은 선택에 따라 그 하루가 달라진다.

오늘 '행복'을 선택한다면 행복한 일들만 보일 것이다.
아주 작은 것에도 의미를 부여하고 행복을 느끼려고 할 것이다.
당신의 선택과 강력한 결단이 오늘 하루를 바꾼다.

'결단', 영어로는 'Determination'이라고 표현한다.
어떤 그럼에도 불구하고 반드시 나아가겠다는 강력한 마음가짐!
어떤 것에도 굴하지 않겠다는 마음가짐이 기적을 일으킨다.
내 안의 거인을 깨운다.

나는 오늘 '행복'을 선택한다.
내 눈에는 행복한 일들만 보인다.
나는 아주 작은 것에도 행복을 느낀다.
나는 그럼에도 불구하고 반드시 나아간다.
나는 어떤 것에도 굴하지 않겠다.

Positive Affirmation For Myself

나를 위한 긍정확언

나는 완전히 행복하다

나는 완전히 행복하다. 맛있는 음식, 진한 커피, 향기로운 포도주⋯⋯.
햇빛이 금빛으로 사치스럽게, 그러나 숭고하게 쏟아지는 길을 걷는다는 일.
그것만으로도 나는 행복하다.

— 전혜린, 《그리고 아무 말도 하지 않았다》 중에서

우리가 행복이라 부르는 데는 그리 거창한 것이 필요한 게 아니다.
당신 주위를 돌아보라. 생각해보면 없는 게 없다.
그런데 여기서 무엇이 더 필요한가.
행복할 이유가 이렇게 많은데,
행복하지 않을 이유만 찾고 있는 것은 아닐까.

나는 완전히 행복하다.

맛있는 음식을 먹을 수 있음에 행복하다.

따사로운 햇살을 느낄 수 있음에 행복하다.

나는 언제나 행복할 이유를 찾는다.

우리 가족에게는 사랑, 행복, 웃음이 넘쳐난다.

Positive Affirmation For Myself

나를 위한 긍정확언

웃으며 살기에도 짧은 인생이다

친구가
돈 걱정 안 하고 살고 싶다고 하길래,
돈은 잘 있으니까 걱정하지 말고
너나 걱정하라고 말해주었다.

99퍼센트 걱정의 대부분은
일어나지 않는 일이다.
걱정이 되면 이 질문을 해보라!
'지금 이 순간 내가 고마운 것은 무엇일까?'
이 간단한 질문만으로
내가 고마운 것이 무엇인지를 찾고
그것에 집중하게 만든다.

자, 돈은 잘 있다고 하니까 걱정 말고
지금 이 순간
내가 고마운 것이 무엇인지 찾아보자!
웃으며 살기에도
짧은 인생이다.

'지금 이 순간 내가 고마운 것은 무엇일까?'
나는 고마운 것을 찾고 그것에 집중한다.
나는 매일 잘 웃는다.
나는 인생의 매 순간 행복하고 항상 감사한다.
내 삶에 새롭고 놀라우며 행복한 일들이 생겨난다.

축제 하듯 살자

하루하루를 즐겁게 사는 사람들을 보면 몇 가지 공통점이 있다.
이들은 반드시 돈이 많거나 사회적으로 성공한 사람들이 아니다.
오히려 평범하고 소박하지만 자신의 삶을 소중하게 여기고,
삶에 대한 만족과 행복을 더 많이 느낀다.
이들은 먼 미래에 있을지도 모를 행복이 아니라
지금 이곳에서 행복하게 지내는 것이 중요하다는 사실을 알고
삶을 즐기는 사람들이다.

인생을 즐기는 사람들은 또한 지금 자신이 하고 있는 일이
가장 소중한 일이며, 정성을 쏟은 만큼 반드시
자신에게 돌아온다는 믿음을 갖고 있다.
이 믿음 덕분에 마음의 평온과 즐거운 삶을 덤으로 얻을 수 있다.
그것을 알고 잘 실천하면서 살 수 있다면
우리 인생은 숙제가 아니라 축제의 무대가 될 것이다.
매일매일 축제처럼 살 것인가, 끙끙거리며 숙제하듯이 살아갈 것인가.
당신이 마음먹기에 달려 있다.

— '긍정적인 습관' 중에서

나는 나의 삶을 소중하게 여긴다.
나는 삶에 대한 만족과 행복을 더 많이 느낀다.
나는 삶을 즐기는 사람이다.
나는 정성을 쏟은 만큼 반드시 자신에게 돌아온다는 믿음을 갖고 있다.
나는 매일매일 축제처럼 산다.

오늘만큼은 이렇게 살자

오늘만큼은 행복하자.
링컨의 말처럼 사람은 스스로 행복해지려고 결심한 정도만큼 행복해진다.

오늘만큼은 주변 상황에 맞추어 행동하자.
무엇이나 자신의 욕망대로만 하려 하지 말자.

오늘만큼은 정신을 굳게 차리자.
무엇인가 유익한 일을 배우고 나태해지지 않도록 하자.
그리고 노력과 사고와 집중력을 필요로 하는 책을 읽자.

오늘만큼은 남들이 눈치 채지 않도록 친절을 다하자.
남모르게 무언가 좋은 일을 해보자.

오늘만큼은 기분 좋게 살자.
남에게 상냥한 미소를 짓고, 어울리는 복장으로 조용히 이야기하며,
예절 바르게 행동하고, 아낌없이 남을 칭찬하자.

오늘만큼은 이 하루가 보람되도록 하자.
인생의 모든 문제는 한꺼번에 해결되지 않는다.
하루가 인생의 시작인 것 같은 기분으로 오늘을 보내자.

오늘만큼은 계획을 세우자.
조급함과 망설임이라는 두 가지 해충을 없애도록 마음을 다지자.
할 수 있는 데까지 해보자.

오늘만큼은 30분 정도의 휴식을 갖고 마음을 정리해보자.
때로는 신을 생각하고 인생을 관조해보자.
자기 인생에 대한 올바른 인식을 얻도록 하자.

오늘만큼은 그 무엇도 두려워하지 말자.
특히 아름다움을 즐기며 사랑하도록 하자.
사랑하는 사람이 나를 사랑한다는 믿음을 의심하지 말자.

— 시빌 F. 패트리지의 '오늘만큼은' 중에서

오늘 하루를 어떻게 보내겠는가?
그것은 전적으로 당신의 결심과 선택에 달려 있다.
누구에게나 주어지는 24시간이지만, 그 하루를 어떻게 보내느냐에 따라
5년, 10년 후의 모습은 지금과는 결코 같지 않을 것이다.
당신이 원하는 5년, 10년 후의 모습은 어떤 모습인지,
그 모습을 만나기 위해서 오늘 필요한 선택이 무엇인지 생각해보라.
그리고 시작하라. 바로 지금!

Today's Positive Affirmation
오늘의 긍정확언

오늘만큼은 행복하자.
오늘만큼은 정신을 굳게 차리자.
오늘만큼은 남들이 눈치 채지 않도록 친절을 다하자.
오늘만큼은 기분 좋게 살자.
오늘만큼은 이 하루가 보람되도록 하자.

Positive Affirmation For Myself

나를 위한 긍정확언

당연한 것은 없다

모든 것이 당연해지는 순간부터 마음속 불행이 찾아온다.
지난달에는 너무나 감사했는데 오늘은 너무나 서운해진다.
처음에는 아주 작은 것도 너무 감사했는데,
어느 순간 모든 것이 당연해지고
그만큼 못 받으면 서운함이 몰려온다.

생각해보자.
나는 누군가에게 받은 것을 당연하게 여긴 적 없는가?
나는 많은 것들을 당연하게 생각한 적 없는가?

이 세상에 당연한 것은 없다.
모든 것이 감사로 시선이 바뀌면,
그때부터 감사의 에너지로 가득 채워지고
이후 행복 에너지로 완전히 전환된다.

오늘 하루 주어진 삶에 감사합니다.
내가 살아 있음에 감사합니다.
이 글을 읽을 수 있음에 감사합니다.
감사할 일들을 찾는 나 자신에게 감사합니다.
오늘도 설렘과 기대감이 충만한 시간에 미리 감사합니다.

Positive Affirmation For Myself

나를 위한 긍정확언

가슴이 뛰는 이유

인간에게 실제로 필요한 것은 긴장이 없는 상태가 아니라
가치 있는 목표, 자유의지로 선택한 그 목표를 위해 노력하고 투쟁하는 것이다.
인간에게 필요한 것은 어떻게 해서든지 긴장에서 벗어나는 것이 아니라
앞으로 자신이 성취해야 할 삶의 잠재적인 의미를 밖으로 불러내는 것이다.
인간에게 필요한 것은 항상성이 아니라 '정신적인 역동성'이다.

— 빅터 프랭클 (Viktor Frankl, 의사이자 전 대학교수)

행복은 외부에서 채워지는 것이 아니다.
가치 있는 나만의 목표를 향해
나아가는 과정 속에서 느끼는 마음의 상태다.
성장하는 삶! 그것은 짜릿하다!
당신을 진정 살아 숨 쉬게 한다!

나는 행복이 내 마음의 상태라는 것을 알고 있다.

나는 가치 있는 나만의 목표를 향해 나아가는 오늘이 행복하다.

나는 짜릿한 성장의 기쁨에 매일 행복하다.

나는 나의 자유의지로 목표를 선택할 수 있음에 행복하다.

진정 살아 숨 쉬고 있는 지금, 행복하다!

성공의 끝을 본 그의 마지막 말

나는 비즈니스 세상에서 성공의 끝을 보았다.

타인의 눈에 내 인생은 성공의 상징이다.
하지만 일터를 떠나면 내 삶에 즐거움은 많지 않다.
결국 부는 내 삶의 일부가 되어버린
하나의 익숙한 '사실'일 뿐이었다.
지금 병들어 누워 과거 삶을 회상하는 이 순간, 나는 깨닫는다.
정말 자부심 가졌던 사회적 인정과 부는
결국 닥쳐올 죽음 앞에서는 희미해지고 의미 없어져 간다는 것을.
어둠 속 나는 생명 연장 장치의 녹색 빛과 윙윙거리는 기계음을
보고 들으며 죽음의 신의 숨결이 다가오는 것을 느낄 수 있다.

이제야 나는 깨달았다.
생을 유지할 적당한 부를 쌓았다면
그 이후 우리는 부와 무관한 것을 추구해야 한다는 것을.
그 무엇이 부보다 더 중요하다면: 예를 들어 관계, 아니면 예술,
또는 젊었을 때의 꿈들……. 끝없이 부를 추구하는 것은
결국 나 같은 비틀린 개인만을 남긴다.
신은 우리에게 부가 가져오는 환상이 아닌
만인이 가진 사랑을 느낄 수 있도록 감각(senses)을 선사했다.

내 인생을 통해 얻은 부를 나는 가져갈 수 없다.
내가 가져갈 수 있는 것은 사랑이 넘쳐나는 기억들뿐이다.
그 기억들이야말로 나를 따라다니고, 나와 함께하고,
지속할 힘과 빛을 주는 진정한 부이다.

사랑은 수천 마일을 넘어설 수 있다.

생에 한계는 없다.

가고 싶은 곳을 가라.

성취하고 싶은 높이를 성취해라.

이 모든 것이 너의 심장과 손에 달려 있다.

이 세상에서 제일 비싼 침대가 무슨 침대일까?

'병들어 누워 있는 침대다.'

너는 네 차를 운전해줄 사람을 고용할 수 있고,

돈을 벌어줄 사람을 구할 수도 있다.

하지만 너 대신 아파줄 사람을 구할 수 없을 것이다.

잃어버린 물질적인 것들은 다시 찾을 수 있다.

하지만 '인생'은 한 번 잃어버리면 절대 되찾을 수 없는 유일한 것이다.

한 사람이 수술대에 들어가며 본인이 끝까지 읽지 않은

유일한 책을 깨닫는데, 그 책은 바로 '건강한 삶'에 대한 책이다.

우리가 현재 삶의 어느 순간에 있든,

결국 시간이 지나면 우리는

삶이란 극의 커튼이 내려오는 순간을 맞이할 것이다.

가족 간의 사랑을 소중히 하라.

배우자를 사랑하라.

친구들을 사랑하라.

너 자신에게 잘 대해주어라.

타인에게 잘 대해주어라.

나는 사랑이 넘쳐나는 기억들이 많다.

나는 가고 싶은 많은 나라들을 여행하고 세상의 아름다움을 느낀다.

나는 성취하고 싶은 것들을 성취한다.

나는 가족 간의 사랑을 소중히 한다.

나는 친구들을 사랑한다.

12장

Abundance

풍요 롭기

평생, 풍요롭고 싶을 때

당신과 나는 거대한 부를 가지고 있다

당신과 나는 거대한 부를 가지고 있다.
동화에 나오는 알리바바의 금은보화를 훨씬 능가할 만큼
놀라운 부를 소유하고 있다.

당신은 당신의 두 눈을 1조에 팔겠는가?
당신은 두 발을 다른 무엇과 바꾸겠는가?
두 팔은 그 무엇과 바꾸겠는가?
당신의 청각을 그 무엇과 바꾸겠는가?
당신의 자녀를 그 무엇과 바꾸겠는가?
당신의 가족을 그 무엇과 바꾸겠는가?

당신이 소유한 이 귀중한 자산들을 생각해보라.
그러면 당신은 록펠러, 포드, 모르간이
지금까지 모은 모든 재산을 다 준다고 해도
당신의 귀중한 것들과 바꿀 수 없음을 알게 될 것이다.

당신은 자신이 소유한 자산에 감사하고 있는가?
유감스럽게도 많은 사람들이 자신의 자산에 대해
감사함을 느끼지 못하고 있다.
쇼펜하우어는 이렇게 말했다.
"우리는 우리가 가진 것에 대해서는 생각지 않고
항상 가지지 못한 것만을 생각한다."

자신이 가진 것은 거의 생각지 않고
항상 가지지 못한 것만 생각하는 사고방식은
지상에서 가장 비극적인 일이다.

지금 당장 종이와 펜을 꺼내 자기가 가진 것들을 써보라.
자각하지 못하고 자연스럽게 생각했던 것들이
얼마나 많았는지를 깨닫게 될 것이다.

나는 거대한 부를 가지고 있다.

나는 완벽한 건강에 감사하다.

나는 항상 내가 가진 것에 대해서 생각하고 감사한다.

나는 내가 가진 것들을 매일 쓰고 감사한다.

내가 살고 있는 이 아름다운 세상에 감사한다.

Positive Affirmation For Myself
나를 위한 긍정확언

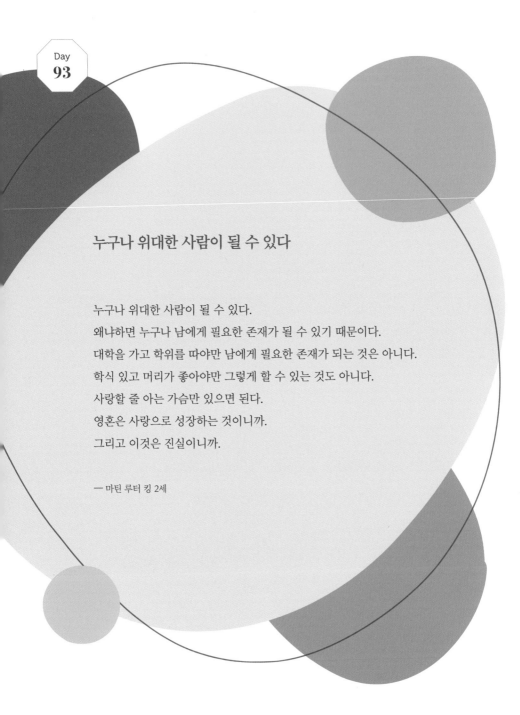

누구나 위대한 사람이 될 수 있다

누구나 위대한 사람이 될 수 있다.
왜냐하면 누구나 남에게 필요한 존재가 될 수 있기 때문이다.
대학을 가고 학위를 따야만 남에게 필요한 존재가 되는 것은 아니다.
학식 있고 머리가 좋아야만 그렇게 할 수 있는 것도 아니다.
사랑할 줄 아는 가슴만 있으면 된다.
영혼은 사랑으로 성장하는 것이니까.
그리고 이것은 진실이니까.

— 마틴 루터 킹 2세

나는 위대한 사람이 될 수 있다.
나는 지금의 풍요에 감사한다.
나는 내 세상을 바꿀 수 있는 힘이 있다.
나는 행복과 풍요를 누리기 위해 태어났다.
나는 나를 둘러싼 모든 것들의 아름다움을 보고 느낀다.

Positive Affirmation For Myself

나를 위한 긍정확언

타인의 부를 진심으로 축복하라

자기가 가난할 때나 생활이 어려울 때는
많은 돈을 가진 사람이나 무슨 일이건
잘되어 가는 사람을 질투하는 것은 인지상정이다.
하지만 질투는 부 그 자체, 행운 그 자체에 대하여
부정적인 감정을 갖게 하고, 그것이 잠재의식에 새겨져
당신 자신을 부나 행운으로부터 멀리 떼어놓는 결과가 된다.

그런 경우 당신이 해야 할 것은 '축복'이다.
누가 많은 돈을 벌었다고 할 때 질투심이 앞서려고 하면,
곧 "그와 그의 부에 축복이 있으라"라고 말하라.

그 사람을 위해 진심으로 기뻐해주어라.
그러면 당신이 의식하는 마음은
부와 행운에 대한 긍정적인 마음이
잠재의식에 받아들여지게 되고,
결국 당신에게도 부나 행운을 가져다주게 된다.

축복으로 부족하다고 생각된다면
자신을 위해 기도하라.
"그는 큰 부를 얻었다 한다.
그와 그 부에 축복이 있으라.
그리고 나에게도 행운이 있기를 바란다."

다른 사람의 행운을 축하해주어라.
그것이 자신에게도 행운을 끌어들이는
가장 현명한 방법이다.

Today's Positive Affirmation

오늘의 긍정확언

나는 타인의 성공을 진심으로 기뻐한다.

나는 다른 사람의 행운을 축하한다.

나는 다른 사람의 성공에 기뻐하며 내 성공의 길도 열림에 감사한다.

나는 그와 그 부에 축복을 보낸다.

그리고 나에게도 더플러스 축복이 함께한다.

Positive Affirmation For Myself

나를 위한 긍정확언

당신의 꿈에 맞추어라

"에이, 말이 쉽지."
"너나 그렇게 살아."
"네가 내 형편 돼봐."
이런 말로 현실에 안주하는
자신의 모습을 위로하지 마라.

사람들은 상대의 말을 들으며
"그거 나도 알고 있는 말이에요"
라고 쉽게 말하면서
그것을 실천하는 데는
왜 그렇게 오랜 시간이 걸리는 걸까?

지금 당장 당신의 생각과 말을
몸에 맞추지 말고 꿈에 맞추어라.
지금 당장 당신의 행동을
현실에 맞추지 말고
목표와 꿈에 맞추어라.

꿈에 눈이 멀어라.
시시한 현실 따위 보이지 않게!
어떤 상황에서든 당신은
풍요의 에너지 속에 있을 것이다.

나는 언제나 쉽게 목표를 달성한다.
완벽한 타이밍에 최상의 결과가 나에게 온다.
나는 생각과 말을 내 꿈에 맞춘다.
나는 나의 행동을 내 목표와 꿈에 맞춘다.
나는 어떤 상황에서든 풍요의 에너지 속에 있다.

Positive Affirmation For Myself

나를 위한 긍정확언

진정한 풍요

먹고 마시고 즐기고 싶을 때
먹고 마시고 즐길 수 있기 위해 부자가 되고자 해야 한다.
주변에 아름다운 것들을 두고, 멀리 떨어진 곳에 가보고,
마음을 살찌우고, 지성을 계발하고, 인간을 사랑하고, 친절을 베풀며,
세상이 진실에 눈뜨는 데 한몫하기 위해 부자가 되고자 해야 한다.
― 월러스 워틀스

하나하나 마음속에 새기며 읽어보자.
이런 부자가 된다면 어떨까?
이런 부자야말로 진정 행복한 부자 아닐까?

이런 풍요를 누리며 살고 있는 나를 상상해보라.
이제부터 마음속에서 외치자.
부는 축복이다!

나는 가치 있는 일들에 돈을 순환시킨다.
나는 마음을 살찌우고 지성을 계발한다.
나는 인간을 사랑하고 친절을 베푼다.
나는 부자가 되어 세상을 이롭게 한다.
부는 축복이다!

창조하라!

이 지구상에는 그 가치를 매길 수 없을 정도의 어마어마한 양의 금이 파묻혀 있다는 사실을 알아야 한다. 만약 금이 묻혀 있지 않다면, 생각하는 실체가 만들어낸 무언가가 당신의 욕구를 충족시켜 줄 것이라는 사실도 알아야 한다. 즉 만약 당신이 돈을 필요로 한다면 새로운 금광을 발견하기 위해서 수천 명의 사람이 필요하다고 할지라도 그 돈은 결국 당신에게 올 것이라고 믿어라.

결코 눈에 보이는 것에만 얽매이지 말라. 당장에 눈에 보이는 형태의 공급이 아닌, 형태가 없지만 무한한 부를 볼 줄 알아야 한다. 누군가가 사재기를 한다거나 어떤 다른 수를 쓰더라도 당신은 반드시 당신의 몫을 가지게 될 것이다. 그러니 다른 사람들이 좋은 자리를 다 차지해버렸으니 서두르지 않으면 좋은 자리에 집을 지을 수 없게 된다는 생각은 단 한 순간도 해서는 안 된다.

기업이나 다른 부자들에 대해 질투심을 가지지도 말고, 그들이 이제 곧 온 세상을 갖게 될 것이라고 두려워하지도 말라. 그런 일은 결코 일어나지 않는다. 그러니 다른 사람이 갖고 있는 것을 얻으려고 할 필요도 없다. 우리는 무형의 재료로 우리가 원하는 것을 만들어낼 것이며, 그 재료는 무한하다.

풍요로워지고 싶다면 경쟁하지 말고 창조하라! 한순간이라도 공급이 제한되어 있다고 생각해서는 안 된다. 우리 모두 각자에게 충분한 기회들이 있으며 우리 모두가 풍요롭게 살 수 있고 공급에는 한계가 없음을 기억하자.

돈은 나를 사랑하고, 나도 돈을 사랑한다.

나는 경쟁하지 않는다. 나는 창조한다.

우리 모두 각자에게 충분한 기회들이 있다.

우리 모두가 풍요롭게 살 수 있다.

나는 내 삶에 들어오는 무제한적인 부와 수입을 즐겁게 받고 있다.

사명

지금 아무것도 보이는 것은 없지만
매일매일 너무도 충만합니다.

사람들 하나하나
각자 자기 자신만의 달란트가 있습니다.
세상에 내 지문과 같은 사람이 없듯이
각자의 잠재의식 속에
나만의 잠자는 거인이 있습니다.

끊임없이 흔들어 깨워야 합니다.
그러기 위해서 끊임없이 내 자신의 열정이
어디에 있는지를 찾아야 합니다.
그것을 발견했을 때는
나도 가지고 있는지 몰랐던 힘들이
마구 솟구쳐 올라올 것입니다.

그 사명을 찾았다면 앞으로 나아가십시오.
그것을 향해 무조건 나아가면,
그것을 위해 필요한 모든 것들이
당신이 필요한 적시에 당신에게 올 것입니다.

그리고 그 사명을 실행함으로써
수많은 사람들에게 도움을 주십시오.
많은 사람과 나누고 그들을 사랑하십시오.

나 자신을 최대한 계발하는 것이야말로
남을 가장 많이 도울 수 있는 길입니다.

성공이란 종착이 아닌 여정입니다.
따라서 '지금 이 순간'이라는 과정들을
하나의 성공이라 여기고
즐기면서 걸어가는 사람이야말로
진정 성공한 사람입니다.

Today's Positive Affirmation
오늘의 긍정확언

나는 정말 운이 좋다. 삶은 언제나 내 편이다.

세상에는 나를 좋아하고 나에게 도움을 주는 사람들이 많이 있다.

나는 나의 방향을 잘 알고, 내 속도대로 나의 길을 간다.

황금의 기회가 나를 향해 활짝 열려 있다.

내가 필요로 하는 모든 것이 가장 좋은 때에,

적절한 곳에서 정확한 순서에 맞게 나에게 온다.

Positive Affirmation For Myself

나를 위한 긍정확언

가장 좋은 것을 주어라

사람은 불합리하고
비논리적이고 자기중심적이다.
그래도 사랑하라.

당신이 좋은 일을 하면
이기적인 동기에서 하는 거라고 비난받을 것이다.
그래도 좋은 일을 하라.

당신이 성실하면
거짓된 친구들과 참된 적을 만날 것이다.
그래도 성실하라.

당신이 선한 일을 하면
내일은 잊힐 것이다.
그래도 선한 일을 하라.

당신이 정직하고 솔직하면
상처를 받을 것이다.
그래도 정직하고 솔직하라.

당신이 여러 해 동안 만든 것이
하룻밤에 무너질지도 모른다.
그래도 만들어라.

사람들은 도움을 필요로 하면서도
도와주면 공격할지 모른다.
그래도 도와주어라.

세상에서 가장 좋은 것을 주면
당신은 발길로 채일 것이다.
그래도 가진 것 중에서 가장 좋은 것을 주어라.

— 마더 테레사 수녀

나는 언제나 좋은 일을 한다.

나는 매 순간 성실하다.

나는 매 순간 정직하다.

나는 매 순간 좋은 것들을 나눈다.

나에게 좋은 일들이 파도처럼 밀려온다.

Positive Affirmation For Myself

나를 위한 긍정확언

소중한 당신에게

길이 그대를 만나기 위해 솟아오르기를.
바람이 항상 그대 뒤에서 불어주기를.
햇빛이 그대의 얼굴을 따뜻하게 비춰주기를.
비가 그대의 땅을 부드럽게 적셔주기를.
그리고 우리가 다시 만날 때까지
신께서 그의 손으로 그대를 부드럽게 잡아주기를.

— 아이리쉬 축복 기도

기쁨, 사랑, 풍요, 성공, 행복 등 당신이 원하는 모든 것이 당신이 와서 붙잡아주
기를 기다리고 있다. 당신이 목표를 향해 어제보다 오늘 성장하는 매일을 보낸
다면 당신의 삶은 점점 더 풍요와 기쁨, 사랑으로 가득 차게 될 것이다. 내 안의
숨겨진 능력을 만나고, 내 자신을 찾고, 좀 더 나다워지고, 시간이 지날수록 건
설적인 사람이 되고, 다른 이들에게 선한 영향을 주고, 더 나아가 세상을 이롭게
하는 사람으로 성장할 것이다.
그러니 매 순간 당신 자신을 소중히 대하라. 자신을 소중히 여기는 마음이 있어
야 주변 사람들도 소중하게 여기게 되고, 그 마음은 누군가를 도와주는 일로 연
결되어 내면에서 느끼는 풍요로움은 점점 커져갈 것이다. 원하는 것을 모두 감
싸 안아 좋은 것을 더 많이 받아들여라.
당신은 이 세상에 오직 하나뿐인 소중한 존재이니까.

나는 세상을 이롭게 하는 사람으로 성장한다.

나는 매 순간 나 자신을 소중히 대한다.

나는 최고의 것을 누릴 자격이 있다.

세상 모든 사람들과 사물들이 지금 나를 부로 이끌고 있다.

나도 모든 사람과 사물을 부로 이끌고 있다.

Positive Affirmation For Myself

나를 위한 긍정확언

내가 했다면
당신도 할 수 있다

2014년 5월《어둠의 딸, 태양 앞에 서다》첫 책 출간 후 그간 마인드 파워 관련 책만 중국어 책까지 포함해 7권의 책이 나왔다니 믿기지 않는다. 나의 비전보드에 '베스트셀러 작가'를 목표로 쓰면서도 '내가 정말 베스트셀러 작가가 될 수 있을까?' 스스로를 의심하던 때가 있었는데, 이번 책《뜨겁게 나를 사랑한다》를 통해 8번째로 독자들을 만나게 된다니 가슴이 뜨거워진다.

중학생이었을 때 논술 시험을 본 적이 있다. 전날 있었던 충격적인 사건으로 당시 내 멘탈은 거의 붕괴 상태였고, 나는 정신이 반쯤 나가 있었다. 결국 멍 때리다시피 시험지만 바라보다가 한 줄도 못 쓰고 백지 상태로 시험지를 제출했다. 그날 나는 '난 글을 못 쓰는 사람'이라며 나 자신에 대한 관념을 잠재의식에 심어버리게 되었다.

그런 생각이 내 잠재의식을 지배하다 보니 나는 논술 시험 기회가 생겨도 슬금슬금 피하게 되었다. 대학교를 진학할 때도 논술 시험이 없는 대학교를 지원했고, 글 쓰는 상황을 절대로 만들지 않았다. 말주변도 없던 나는 사람들 앞에 서는 것도 극도로 기피했다. 우리 집은 언제나 가난했고, 지하 사글세방에서 벗어나는 일도 불가능해 보였다. 나는 항상 각종 피부염, 위염, 감기를 달고 살았고, 술독에서 빠져나오지 못하는 뚱뚱이에 얼굴은 여드름으로 그득한 폭탄이었다.

생각해보면 당시 나는 스스로를 혐오했던 것 같다. 잘하는 것 하나 없고, 뭘 해도 안 되는 지긋지긋한 이 세상은 불공평하다며 신을 원망하기도 했다. 그랬던 내가 출간되자마자 독자들로부터 사랑받는 '베스트셀러 작가'로 성장했고, 국내 1호 마인드파워 스페셜리스트로 미국, 중국, 싱가포르, 포르투갈, 스페인 등에서 기립박수 받는 강연가가 되었다. 몸짱 프로젝트에 7번 성공했고, 마라톤 풀코스 등에 도전하며 더 건강해졌으며, 내가 원하는 때 원하는 사람들과 원하는 어떤 장소에서든 내가 사랑하는 일을 하며 가장 나답게 행복하고 풍요로운 삶을 누리고 있다.

부정덩어리에 찌질이였던 내가 이렇게 변화할 수 있었던 것은 모두 마인드파워 덕분이다. 마인드파워의 힘은 실로 어마어마하다. 그간의 기적들을 돌아보면 정말이지 가슴 시리도록 감사하다. 마인드파워를 공부하지 않았다면 나는 지금도 술을 마시면서 신세 한탄이나 하며 하루하루를 힘겹게 보내고 있을 것이다. 나는 사람들에게 말해주고 싶었다. 정말이지 아무것도 아니었던 내가 마인드파워 덕분에 이 모든 것들을 이루어낼 수 있었다면 당신도 할 수 있다고! 그래서 나의 모든 책과 강연에서 이 말을 강조하고 또 강조한다! 나였기 때문에 가능한 것이 아니라 누구나 가능하다고!!

나는 온갖 시행착오를 거치면서 돌고 돌아 이 자리에 왔지만, 내가 만나는 독자들과 마파팸(마인드파워 패밀리)은 가장 쉽게 최단거리로 자신이 원하는 목표까지 도달하도록 돕고 싶었다. 지난 12년간 그 열정의 마음은 뜨겁게 발산되었고, 마인드스쿨을 거쳐간 수많은 사람들의 삶은 실제로 완전히 달라졌다. "저는 이거 절대로 못 해요", "말도 안 돼요! 이건 절대로 안 될 거예요", "이건 죽어도 못 해요"라고 말했던 사람들이 자신의 한계를 스스로 놀랄 정도로 깨부수었고, 절대 이루지 못할 것이라고 생각했던 기적들을 이루어냈다. 그리고 보이지 않는 마인드파워가 얼마나 중요한지를 절실히 깨달았다.

그 모든 것은 자신을 바라보는 셀프이미지를 바꾸었기 때문이다. 셀프이미지를 바꾸는 가장 쉽고 강력한 방법 중 하나는 스스로에게 외치는 확언이다. 'Self-talk(자기최면)'라고도 하는데, 자기 스스로에게 확언하는 자기암시는 잠재의식에 영향을 주는 가장 강력한 방법 중 하나이기 때문이다. 자기 안에 깊이 숨어 있는 스스로에 대한 부정적인 이미지 역시 확언을 반복하는 사이에 깨부수어 버릴 수 있다!

《뜨겁게 나를 응원한다》에서도 그랬듯이 《뜨겁게 나를 사랑한다》를 통해서도 많은 이들이 수많은 기적을 만날 것이라고 믿어 의심치 않는다. 기꺼이 자신을 사랑하기로 선택한 사랑하는 당신에게 미리 축하와 기쁨의 박수를 보낸다.

나는 앞으로 '마인드파워 스페셜리스트 조성희의 응원 시리즈'를 통해 당신을 뜨겁게 응원할 것이다. 태극기를 상징하는 빨간색, 파란색, 검은색을 시리즈로 이어나가며, 당신이 반짝반짝 빛나는 금길을 걸을 수 있도록 도우려고 한다. '조성희의 응원 시리즈'를 필사한 모든 분들이 마음근육을 강화시키고, 대한민국 대표주자로 글로벌에서 나답게 팔을 쫙 펼치며 태양 앞에서 훨훨 비상하길 기도하는 마음으로 이 응원 시리즈에 모든 정성을 담았다.

이 책을 매일 필사하며 더 많은 독자들이 마인드파워로 인생의 주인공이 되어 자신답게 성장하고 행복과 풍요를 누리기를 가슴 뜨겁게 응원한다. 내 운명의 지배자이자 영혼의 선장으로 태양처럼 떠오른 당신에게 뜨거운 축하와 응원을 보낸다.

언제 어디에서든 온 마음 다해!

With much love and big hug,

조성희

Special Thanks

이 책의 출간에 온 마음을 다해 응원과 도움을 주신 분들께 감사함을 전한다.

책 출간에 모든 에너지를 쏟아주시고 전폭적인 도움을 주신 생각지도 출판사의 김은영 대표님, 영적인 일러스트로 메시지에 맞춰 의미 있는 힐링 일러스트로 물들여주신 하니박 작가님, 태극기와 금길, 태양의 의미를 책에 잘 표현해주신 구민재 디자이너님, 책 출간일에 별5개를 표시하고 책을 손꼽아 기다려주시고 응원해주신 마파팸(마인드파워 패밀리) 여러분께 진심으로 감사와 사랑을 전한다.

그리고 지금의 나를 있게 해주신 사랑하는 부모님. 뜨나응 100일 필사 전도사가 되어주시고 언제나 나에게 무조건적인 신뢰와 사랑을 주시는 우리 아버지와 어머니께 고개 숙여 감사를 전한다.